Benjamin Thiele

12

Spirituelle Kosmologie

Klarheit über Gott, Mensch, Karma und Religion

1. Auflage 2018

Autor: Benjamin Thiele
Umschlaggestaltung: Benjamin Thiele
Umschlagfoto: NASA
Innenlayout: Benjamin Thiele

Herstellung: tredition GmbH, Halenreie 40-44, 22359 Hamburg

Verlag: tao.de in Kamphausen Media GmbH, Bielefeld,
www.tao.de, eMail: info@tao.de

Bibliografische Information der Deutschen Nationalbibliothek: Die Deutsche Nationalbibliothek verzeichnet diese Publikation in der Deutschen Nationalbibliografie; detaillierte bibliografische Daten sind im Internet über http://dnb.d-nb.de abrufbar.

ISBN Paperback: 978-3-96240-254-9
ISBN e-Book: 978-3-96240-256-3

Inhaltsverzeichnis

Vorwort

Aus der ursprünglichen Motivation, meine Beratungspraxis als Karma-Astrologe und Rückführungstherapeut durch ein tieferes Verständnis des astrologischen Häusersystems zu perfektionieren, entstand im April 2018 ein unerwartetes und intensives Zusammenspiel mit einer höheren Quelle der Inspiration.

Daraus wuchs innerhalb von 14 spannenden Tagen das vorliegende Werk. Es verfolgt keinen geringeren Anspruch, als in einer konfusen Welt voller unterschiedlicher Religionen, Philosophien und Wertvorstellungen größtmögliche Klarheit zu vermitteln über die Identität Gottes und die des Menschen.

Diese Klarheit führt zu einem Weltbild und zu einem spirituellen Rahmen, der religionsfrei ist und dennoch viele bewährte Überzeugungen und Praktiken traditioneller Religionen beinhaltet. Ich begreife Religionen als teils wertvolle und teils unbeholfene erste Versuche der noch jungen Menschheit, sich den größten Fragen über Gott und über unsere Identität als Menschen zu nähern.

Unabhängig davon, dass sich heute viele Menschen selbstbewusst und aus Überzeugung von Religionen abwenden, sollte sich eine Gesellschaft nicht von den großen Fragen abwenden, sondern stets weiter nach Antworten forschen.

Diese Suche nach Antworten wird auf absehbare Zeit nicht abgeschlossen sein. Nichts in diesem Buch oder in anderen Büchern ist perfekt und allumfassend. Aber in dem Maße, wie unser Verständnis der Schöpfung wächst, so wird auch ein neuer religionsfreier und liebevoller spiritueller Rahmen entstehen können, der alle Lebensbereiche positiv beeinflusst und nicht zuletzt zum harmonischen Miteinander der Menschen untereinander, mit der Natur und mit der geistigen Welt führt. Und zwar weder aus Zwang, noch aus Tradition, sondern aus echter Überzeugung.

1. Die 12 Felder – Der Pfad des Universums

Alles, was geboren wird, ist vergänglich. Das gilt für den menschlichen Körper genauso, wie für unseren Planeten, das Sonnensystem und letztlich das ganze Universum.
Schöpfung ist immer zyklisch und kehrt irgendwann exakt an ihren Ausgangspunkt zurück. Die Darstellungsform für Zyklen ist der Kreis. Um später für den astrologisch Interessierten den erstaunlichen Bogen zur Astrologie zu spannen, beginnt der Kreis bewusst mit der Zahl ‚12' und erwähnt jeweils kurz ihre verwandte astrologische Thematik.

Feld 12

Vor der Schöpfung befand sich das Universum im Jenseits-der-Schöpfung-Zustand. Dieser Zustand ist unbeschreiblich, mystisch und intellektuell nicht zu erfassen.
Unsere sehr begrenzte Sprache und Denkweise als Menschen auf der Erde entwickelte sich historisch aus der Interaktion des sterblichen und an die Polarität gebundenen Menschen mit anderen Menschen und der Natur. Die Sprache und Denkweise des Menschen funktioniert also in Begriffen von Raum, Zeit, Alltag, zwischenmenschlichen Beziehungen und Beziehungen zur Natur. Dies sind alles Aspekte, die Erfahrungswerte innerhalb der Schöpfung darstellen, aber dadurch nicht geeignet sind, den Zustand jenseits der Schöpfung begrifflich zu erfassen.
Gleichzeitig ist die Menschheit, verglichen mit dem Universum, äußerst klein, unwissend und jung. Ein weiteres Hindernis, um die ganz großen Fragen zu beantworten.

Ein Künstler kann über sein Gemälde nachdenken, aber das Gemälde nicht über den Künstler.
Alle Versuche, diesen Jenseits-der-Schöpfung-Zustand zu beschreiben müssen daher zwangsläufig zu falschen Ergebnissen führen. ‚Gott' ist ein gebräuchlicher Begriff für diesen Zustand. Oder die Unendlichkeit. Im Yoga behilft man sich mit der Beschreibung ‚Sat-Chit-Ananda', das bedeutet ‚unendliche Macht, unendliches Wissen und unendliche Glückseligkeit'. Ein Versuch, der eigentlich eigenschaftslosen ‚Unendlichkeit' zur besseren Anschaulichkeit mehr konkrete und positive Eigenschaften zuzuschreiben.
Der Begriff ‚Gott' ist geläufig, aber auch vorbelastet, da er durch die vielfältigen und teils bildhaften Vorstellungen der Religionen suggeriert, dass Gott ein höheres Wesen ist. Gott ist keine Person, sondern einer von vielen historischen und kulturellen Namen für diesen unbegreiflichen Zustand der Unendlichkeit.

Die vielleicht beste und fehlerfreiste Definition stammt von einem indischen Weisheitslehrer, der sagte, ‚Es ist, was es ist'.

Möchte sich der Geist dem Jenseits-der-Schöpfung-Zustand gedanklich zumindest nähern, so kann am einfachsten festgestellt werden, was er NICHT ist. Denn er ist außerhalb von allem, was wir wahrnehmen, also außerhalb von Zeit, Raum, Energie, Materie, Bewusstsein und allen anderen Formen von Polarität oder Bindung.
In diesem spirituellen Zustand existiert rein gar nichts, aber es existiert das Potenzial, dass alles Vorstellbare existieren könnte. Alles ist möglich und jede noch so komplexe Schöpfung wäre mühelos zu verwirklichen, da die

Unendlichkeit definitionsgemäß weder Gesetzen noch Einschränkungen unterworfen ist. Würde man sich eine Gesetzmäßigkeit vorstellen, die das Unendliche in irgendeiner Form einschränkt, so wäre das Unendliche nicht mehr unendlich. Und würde es theoretisch dennoch eine solche Gesetzmäßigkeit geben, so wäre die Frage nach ihrem Ursprung. Denn jedes Phänomen hat ein Anfang, ein Ende und somit auch eine Ursache bzw. einen Schöpfer.

Durch die Unendlichkeit und Grenzenlosigkeit ergibt sich zwangsläufig Allmacht. Innerhalb des grenzlosen Potenzials dieses ruhenden und unbeschreiblichen Zustandes (Haus 12, Fische) kommt es an einem mystischen Punkt zu einer Bewusstwerdung und Aktivierung der Unendlichkeit. Auch hier gilt, dass der Mensch ein solches Ereignis nicht begreifen kann, indem er es mit seinen menschlichen Emotionen vergleicht. Ist es eine Laune? Ist es aus Langeweile? Ist es ein Schreck über die Bewusstwerdung der eigenen Existenz? Ist es der Wunsch nach Vielheit? Ist es ein Spiel? Ist es ein Erwachen?
Nichts davon, aber was es am ehesten ist, wissen wir nicht und brauchen wir zunächst nicht zu wissen. Unsere unmittelbaren menschlichen Herausforderungen spielen sich weit entfernt von diesen Fragen ab.

Feld 1

Nun geschieht – ausgehend von diesem ruhenden und passiven Bewusstsein – das Aufwallen einer Dynamik. Dieser Schritt ist im Zyklus der 12 Felder der mysteriöseste und größte. Aus dem ruhenden Göttlichen geht eine

Bewegung hervor. Die Unendlichkeit selbst bleibt davon in ihrer Natur unberührt.

Es entsteht innerhalb der Unendlichkeit ein mächtiger aber endlicher Willensimpuls, der sich in alle Richtungen ungehindert ausbreitet. In sich trägt der Impuls die Absicht, die Energie und den Plan für eine Schöpfung. (Haus 1, Widder).

Dieser Willensimpuls bestand ‚vorher' nicht und er ist in seiner Größe begrenzt, folglich aus der Unendlichkeit hervorgegangen aber selbst nicht unendlich. Daher ist es anschaulich, wenn auch leicht provokativ, den Willensimpuls und die daraus resultierende Schöpfung als bloßen Gedanken, als göttlichen Traum oder als göttliche Illusion zu bezeichnen. Die Schöpfung ist real, weil sie stattfindet. Sie ist real, weil wir sie in jedem Moment sehen. Aber sie ist auch nicht real, weil sie nicht die Natur der Unendlichkeit besitzt und somit wieder vergehen muss.

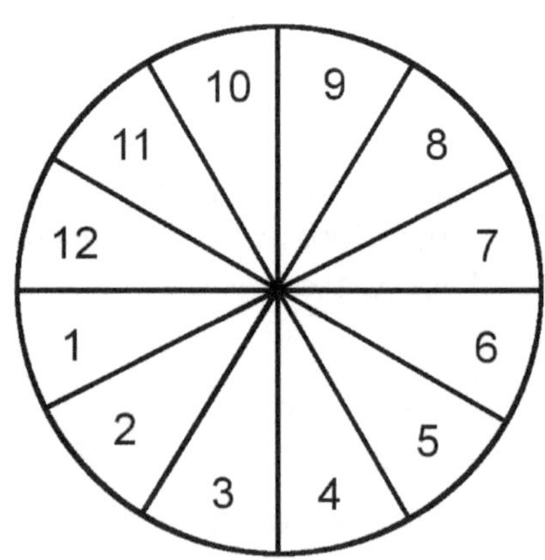

Abbildung 1: Der Kreis der 12 Felder

Als Folge dieses Willensimpulses soll aus dem All-Eins-Sein und der Unendlichkeit eine Welt der Phänomene hervorgehen. In der Physik wäre dieser Moment die Singularität des Urknalls. Dieses Ereignis fand vor ungefähr 15 Milliarden Jahren statt und gilt in der Physik als Beginn von Raum, Zeit, Energie, Materie und den Naturgesetzen.

Ein Universum soll wie ein Bild gemalt werden. Bisher existiert aber nur eine Farbe, nämlich das göttliche Licht selbst. Und diese Farbe ist überall in gleicher unendlich hoher Intensität, da alles eins ist und es weder Raum noch Zeit gibt. Der göttliche ‚Trick' ist nun, dass Raum und Zeit geschaffen werden (Leinwand), um später das Bild tragen bzw. beinhalten zu können.

Feld 2

Durch das Wechselspiel von Licht und der Abwesenheit von Licht entstehen unterschiedliche Energiearten, Energiewolken, Atome und Materieanhäufungen (Haus 2, Stier). Der Aufbau des Atoms aus Kern und Hülle verrät bereits, wie die Vielfalt entsteht, nämlich durch eben dieser Kombination aus Licht (Teilchen) und der Abwesenheit von Licht (leerer Raum). Durch diese Bausteine und deren Kombinationsmöglichkeiten entsteht scheinbare materielle Vielfalt, obwohl die eigentliche Natur des Unendlichen eine untrennbare Einheit ist. Aber so, wie die Unendlichkeit definitionsgemäß alles enthält, enthält sie auch die Finsternis, also die Abwesenheit von Licht, also das Nichts.

Die mit der Schöpfung aktiv gewordene Unendlichkeit existiert unverändert weiter und ist nun von scheinbar äußeren Objekten umgeben, die wahrgenommen und gesteuert werden können. Somit ist innerhalb der allumfassenden Unendlichkeit zum ersten Mal ein Subjekt (Ego; ein Bewusstseinszentrum; ein Zentrum der Wahrnehmung) und ein Objekt (die Objekte der Schöpfung innerhalb von Raum und Zeit) entstanden.
Die Unendlichkeit ist Schöpfer dieser Objekte, ihr Licht ist Baustein dieser Objekte und durchdringt das erschaffene Universum vollständig. Daher nennen Mystiker die Schöpfung zur Versinnbildlichung ‚den Schatten Gottes'.

Feld 3

Nun entsteht ein in diesem Stadium noch primitives Bewusstsein, welches aufgrund der Verbundenheit mit der Schöpfung die geschaffenen Objekte wahrnimmt und geistig verarbeitet. Die Objekte werden bewusst betrachtet und mit Eigenschaften (z.B. groß/klein) bewertet.

Feld 4

Die bewusste Wahrnehmung und Unterteilung der Objekte führt allmählich zu Denkgewohnheiten und zur ersten Bildung von Emotion. Es entstehen Sympathie, Antipathie, Freude, Begierde, Zufriedenheit, etc. gegenüber den erschaffenen und wahrgenommenen Objekten. Als schön Empfundenes wird festgehalten, als nicht schön Empfundenes wird gemieden oder verändert (Haus 4, Krebs).

Anstatt die Unendlichkeit und Eigenschaftslosigkeit des Universums zu erkennen, beginnt das Ego, sich zu etwas Erschaffenem und Nicht-Unendlichen hingezogen oder abgestoßen zu fühlen. Begierde und Leidenschaft entstehen. Mit dem Aufkommen von Begierde entsteht auch zum ersten Mal Karma. Das Bewusstsein (3) stammt von Gott (12) und besitzt eine schöpferische Kraft (1). Jede Begierde, die in diesem Bewusstsein aufsteigt, muss sich also erfüllen. Und alles, was sich zukünftig noch erfüllen muss, trägt zum Karma bei.

Feld 5

Das Bewusstsein geht dem wachsenden Drang nach, auf die erschaffenen Objekte zuzugehen und sich sogar mit ihnen zu vereinen. Das Ego möchte tiefe Freude empfinden, indem es sich mit den Objekten der Begierde umgibt und sogar mit ihnen verschmilzt bzw. eins wird (Haus 5, Löwe). Dies ist wie das Betrachten einer schönen Landschaft auf einem Foto. Daraus kann sich sofort der Impuls ergeben, dass eine Reise zu dieser Landschaft ersehnt wird. Dieses Verlangen geht über Bewerten (3) und Fühlen (4) hinaus. Es ist Leidenschaft.
Die Felder (1) bis (4) bildeten bereits ein Ego aus, weil es ein Zentrum der Wahrnehmung gibt und scheinbar äußere und erschaffene Objekte, die vom Ego zu dessen Faszination wahrgenommen werden können. Mit dem Aufsteigen von Leidenschaft ist das Ego voll ausgebildet. Durch diese wachsende Interaktion mit den erschaffenen Objekten, verstrickt sich die Unendlichkeit (das Göttliche) selbst in seiner eigenen Schöpfung und wird zunehmend und freiwillig an die niedrigeren Energien bis hin zur

Materie gebunden. Die eigentliche Identität des Bewusstseins, Gott selbst zu sein, geht in diesen niedrigeren Schwingungen der Materie allmählich verloren und weicht einer Identifizierung mit den Objekten selbst.

Feld 6

Das Bewusstsein durchläuft über sehr viele Jahre prinzipiell alle Stadien von der Identifikation mit dem Gaszustand über Steine bis hin zu immer komplexeren und bewussteren tierischen Lebensformen. Für unsere Zwecke reicht es aber aus, die höchste und letzte Form der Identifizierung zu betrachten, nämlich den menschlichen Körper auf der Erde (Haus 6, Jungfrau). Dieser sechste Schritt liegt im Kreis der zwölf Schritte genau gegenüber dem göttlichen Ursprungszustand (12) und ist daher der Ort, an dem das Göttliche in seiner dynamischen Form am weitesten vom Ursprung (12) entfernt zu sein scheint. Die Dynamik kommt hier zur Ruhe. Die Schöpfung (1 bis 6) ist beendet. Das Pendel ist maximal ausgeschlagen. Eine Umkehr zum Ursprung (12) kann nun einsetzen.

Trotz und wegen seiner Unendlichkeit hat sich das Bewusstsein in eine Situation gebracht, in der es sich als äußerst begrenztes, sterbliches und unwissendes Objekt erfährt. Die teilweise lebensfeindlichen Bedingungen auf der Erde, wie wilde Tiere, Krankheiten, Naturkatastrophen, Hunger etc. lassen das göttliche Bewusstsein über den von ihm bewohnten Körper tiefe Angst erfahren. Es hält sich für einen sterblichen Menschen, anstatt sich mit dem unsterblichen Unendlichen zu identifizieren. Diese Identifikation ist also ein göttlicher Irrtum. Eine Art

Denkfehler, der aufgrund der göttlichen Willenskraft (1) zu einer Manifestation führt.
Wenn aber die eigene Identität auf einem Irrtum beruht, so entsteht das Risiko, dass weitere falsche Rückschlüsse gezogen werden und durch die göttliche Willenskraft zu weiteren Konsequenzen führen.
Durch das Leben als Mensch entstehen im Laufe der Zeit Begierden und materielle Abhängigkeiten vielfältigster Art. Und Trauer oder Wut, wenn die Begierden nicht erfüllt werden.

Aus ‚Sat-Chit-Ananda', der unendlichen Macht, dem unendlichen Wissen und der unendlichen Glückseligkeit wird auf dieser Ebene der Existenz (6) begrenzte persönliche Macht, Unwissenheit und bedingtes Glück. Das Glücksgefühl der Unendlichkeit ist verschwunden. Nun wird äußerst begrenztes und zeitweises Glück über den Körper bzw. Sinne empfunden und wechselt mit Leid. Daher ist es nicht verwunderlich, dass Menschen oftmals nach Macht, Geld und Sinnesbefriedigung streben. Dies sind Ersatzhandlungen für das verlorengegangene ‚Paradies'. Und da sich der inkarnierte Mensch nicht auf Knopfdruck mit dem göttlichen Glücksgefühl verbinden kann, scheinen diese materiellen Genüsse alternativlos und daher auch entschuldbar zu sein.

Feld 7

Es war nie das Ziel, dass sich göttliches Bewusstsein auf ewig verstrickt, an Materie bindet, leidet und seine wahre Identität ewig vergisst.
Insofern bildete sich um den Planeten Erde zeitgleich ein komplexer Apparat aus liebevollen geistigen Wesen, die

uns dabei helfen, über die Schritte (7) bis (12) eine Umkehr des Prozesses einzuleiten und so wieder, angereichert mit vielen Erfahrungen und Einsichten, in den Ursprungszustand (12) zu finden. Diese Wesen sind, wie die Menschen, göttlichen Ursprungs (12) haben sich aber bewusst nicht in die Materie begeben. Sie wissen wer sie sind und handeln aus Wissen anstatt aus Irrtum.

Durch die Bindung an Körper macht das göttliche Bewusstsein zum ersten Mal die Erfahrung von zwischenmenschlichen Beziehungen (Haus 7, Waage). Diese Erfahrung ist neu, da das göttliche Bewusstsein Eins und Alles ist und somit mit nichts und niemanden interagiert. Die größte Errungenschaft und gleichzeitig die größte Herausforderung des Mensch-Sein ist das Durchleben von zwischenmenschlichen Beziehungen.

Das immense Spektrum dieser Beziehungen bedingt viele schmerzliche und unausgewogene Handlungen, so dass das Karma vertieft wird und den Reinkarnationszyklus nötig macht. Karma kann nur dort aufgelöst werden, wo es entstanden ist. Wir durchlaufen viele Spektren zwischenmenschlichen Handelns zwischen dominieren und dominiert werden, zwischen Zuneigung und Abneigung, zwischen Liebe und Hass, zwischen Zusammenarbeit und Intrigen, zwischen Krieg und Frieden.

Feld 8

Durch Reinkarnation wird die in der Schöpfung verstrickte Seele in passendem Zeitabstand und passender Intensität mit Ereignissen konfrontiert, die ihre einseitigen und unausgewogenen Absichten und Handlungen spiegeln und korrigieren. Dieser zyklische und emotional intensive Prozess innerhalb des Kreises bedeutet ‚Transformation' (Haus 8, Skorpion). Und Transformation ist verwandt mit dem Prinzip von Geburt und Tod. Denn etwas Falsches, wie der Irrtum, muss vergehen (Tod) damit etwas Neues, wie die Wahrheit, hinzukommen kann (Geburt).

Auf diese Weise durchläuft eine Seele ein großes Spektrum intensiver Erlebnisse (Gesundheit, Krankheit, Reichtum, Armut, etc.) und zwar immer derart portioniert und komponiert, wie es für die individuelle Weiterentwicklung der als Mensch verkörperten Seele am sinnvollsten ist. Unabhängig davon, wie schmerzhaft eine Lebenserfahrung sein mag, so steht hinter ihr ein liebevoller Plan und eine unsichtbare Hand, die uns in und durch dieses Erlebnis führt.

Feld 9

Dieser Prozess führt stetig zu geistigem Wachstum (Haus 9, Schütze) und daher zur Entwicklung von Bewusstsein und Liebe. Manche nennen dies auch Weisheit. Dieser Bereich liegt im Kreis nicht nur zufällig gegenüber von (3). Beide zusammen bilden als Achse den menschlichen Geist mit seinen beiden geistigen Funktionen Intellekt und Weisheit. Auch wenn alle zwölf archetypischen Felder des Kreises gleich wichtig sind, so ist die Achse (3, 9) etwas Besonderes. Sie ist das Herz des Kreises und die Mitte zwischen Gott (12) und Mensch (6). Beide Achsen bilden ein rechtwinkliges Kreuz und sind das Grundgerüst des Kreises.

Vater/Schöpfer (12), Sohn/Geschöpf (6) und der heilige Geist (3,9).

Abbildung 2: Das Grundgerüst der 12 Felder

Die Liebe hält alles zusammen. Ohne sie als Motor und Ernte würde das Universum in (12) verbleiben oder aus (6) nicht zurückkehren. Sie ist Mitte der Pendelbewegung zwischen (12) und (6). Sie ist die Ernte aus dem Zyklus der Reinkarnation.

Feld 10

Sind der Grad an gewonnenem Bewusstsein und Liebe in der Seele tief genug und ist das Karma abgearbeitet, so kommt es zur Selbstverwirklichung (Haus 10, Steinbock), wodurch der zuvor an Karma gebundene Mensch erkennt, dass er in seiner Essenz göttlichen Ursprungs ist und immer war.
Ein solcher Mensch ist, je nach Kulturkreis, ein Heiliger, Selbstverwirklichter, spiritueller Meister oder Erleuchteter. Diese Wesen haben erkannt und tief verinnerlicht, dass es Handlungen gibt, es aber nur Gott ist, der durch alles und jeden handelt. Trotz ihres Entwicklungssprungs haben Heilige immer noch ein Ego und einen Charakter. Ihr Gehirn und ihr Unterbewusstsein besitzen charakterliche Programmierungen und Vorlieben, die nicht plötzlich aufhören. Heilige reagieren auf ihren Namen, sie haben einen Körper und besitzen charakterliche Eigenheiten als Echo ihrer vergangenen Leben. Diese Seele ist nun vom Zyklus der Reinkarnation befreit, aber noch nicht Gott selbst in seiner unendlich machtvollen und allwissenden Form (12).

Feld 11

Als nächsten Entwicklungsschritt kann das erleuchtete Bewusstsein sein Rest-Ego weiter verlieren und in der Gesamtheit der Schöpfung harmonisch aufgehen (Haus 11, Wassermann).

Feld 12

Wenn die Schöpfung selbst zur Ruhe kommt, so endet der Zyklus des Universums wieder in der vollkommenen Freiheit, Ruhe und Unendlichkeit des Feldes 12, wo er einst begann.

Auf dem Wege von (12) bis (6) hat sich das Unendliche aus eigenem Antrieb in die eigene Schöpfung begeben und zugunsten eines Lernprozesses in Kauf genommen, dass unweigerlich Leid und Verwirrung erfahren wird. Je mehr man sich (6) nähert, desto niedriger wird die energetische Schwingung und desto weniger ist dem Bewusstsein klar, dass es eigentlich die Unendlichkeit (12) selbst ist.
Seelen, scheinbar individuelle und unabhängige Wesen, bilden sich auf diesem Wege, da das eine unendliche Bewusstsein durch viele Augen auf die Schöpfung schaut und sich gleichzeitig und mehrfach in der Schöpfung durch Identifikation mit den erschaffenen Objekten verstrickt. Diese Seelen existieren über viele Jahrtausende, insofern ist es vereinfacht gesehen nachvollziehbar, ihnen eine eigene Existenz zuzuschreiben. Aber streng genommen gibt es keine Seelen, denn eines Tages wird über den Pfad von (6) bis (12) alles wieder in der Unendlichkeit aufgehen. Und dies gilt für jedes Objekt, jede Seele, jede Eigenschaft und sogar für Raum und Zeit als bloßen vorübergehenden Rahmen für die Schöpfung.

Keiner der 12 Schritte ist falsch oder weniger wertig. Das Ganze ist ein Kreislauf bzw. eine Pendelbewegung und kehrt zum Ursprung zurück. Und keine einzige Seele wird auf dieser Reise zurückgelassen werden. Das wäre ein Widerspruch in sich.

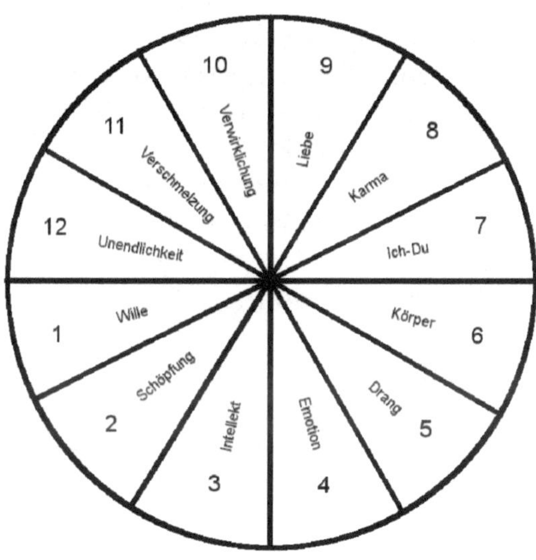

Abbildung 3: Der beschriftete Kreis

2. Die Abbildung der 12 Felder im Menschen

Es gibt ein Bibel-Zitat nachdem der Mensch sinngemäß nach dem Ebenbild Gottes erschaffen worden ist. Dieser Satz ist mehrdeutig und auf vielfältige Weise interpretierbar. Er trifft auf den Kreis mit 12 Feldern zu:

1) Chakren: Auf feinstofflicher Ebene existieren im Menschen Energiezentren (Chakren), die individuelle Funktionen bzw. Themen haben, wie ein Organ. Die Chakren sind trichterförmige energetische Wirbel, deren Störungen für den Menschen indirekt über Emotionen und körperliche Beschwerden spürbar sind. Die wichtigsten 7 Chakren entlang der Wirbelsäule haben insgesamt 12 Öffnungen zur äußeren Welt, die thematisch den 12 Feldern entsprechen.

2) Psychologie: Die Psyche des Menschen beinhaltet alle 12 Felder gleichzeitig. Deren individuelle Mischung, Akzentuierung und Intensität macht den einzigartigen Charakter des Menschen aus. Diese individuelle energetische Mischung lässt sich mittlerweile astrologisch hervorragend auswerten.

Chakren

Die energetischen Themen der Chakren sind bis heute ausreichend, aber nicht vollständig bekannt. Das liegt daran, dass Aufzeichnungen von den wenigen

Menschen rar sind, die eine vollständige Öffnung eines oder mehrerer Chakren erlebt haben. In Konsequenz führt dies in der Literatur dazu, dass den Chakren Eigenschaften zugeschrieben werden, die sich teils widersprechen und teils verwaschen sind.

Besser erforscht sind die körperlich-organischen Bereiche, die in Mitleidenschaft gezogen werden, falls ein Chakra nicht optimal funktioniert.

Das oberste Chakra ist das Kronenchakra. Es sitzt über dem Scheitel und öffnet sich trichterförmig nach oben zum ruhenden göttlichen Bewusstsein (12).

Darunter sitzt das sogenannte ‚Dritte Auge' in der Kopfmitte mit einer Öffnung auf der Stirn (11) und am Hinterkopf (1). Mit einem geöffneten Dritten Auge entsteht Willenskraft (1) und das Erblicken (11) des ganzen Universums.

Das Halschakra befindet sich in der Mitte des Halses und hat eine Öffnung nach vorne (10) und nach hinten (2). Vollständig entwickelt erlaubt es die Verwirklichung bzw. Manifestation (10) von Materie und Energie (2).

Das Herzchakra sitzt in der Nähe des physischen Herzens und öffnet sich auf der Brust (9) nach vorne und rückwärtig (3). Die Achse (3, 9) bildet somit die Mitte zwischen der göttlichen Welt (12) und der materiellen Welt im Körper (6). Es spiegelt das menschliche Bewusstsein wieder. Also seinen Geist, der die Welt auf intellektuelle (3) und/oder liebevolle (9) Weise verstehen kann. Der Intellekt ist der kleine Bruder der Weisheit und Liebe. Er alleine kann das Universum nicht erfassen und verstrickt sich schnell in falsche Konzepte und Fehleinschätzungen. Purer Weisheit fehlt hingegen das Planungsgeschick des Intellekts, um in der Welt praktische Dinge zu organisieren und effektiv abzuarbeiten.

Der Solarplexus sitzt im Bauchraum und öffnet sich nach vorne (8) und nach hinten (4). Dieses Chakra ist der Sitz unseres Unterbewusstseins. Alle Emotionen (4) während unserer jetzigen Inkarnation und aller vergangenen Inkarnationen (8) sind hier gespeichert und durch geeignete Techniken prinzipiell abrufbar. Tiefenpsychologische Themen wie ‚das innere Kind', ‚Rückführungen' oder ‚Schattenprojektionen' finden hier Anwendung.

Das Sakralchakra sitzt unterhalb des Bauchnabels und öffnet sich nach vorne (7) und nach hinten (5). Es steht für Sexualität. Und Sexualität ist der leidenschaftliche Drang des Individuums (5) zur Verbindung mit einem anderen Menschen (7). Somit hat das Sakralchakra sowohl Aspekte von Kreativität, körperlicher Kreativität (Kinder), Lebensfreude und der Beziehung zu anderen Menschen.

Das Wurzelchakra sitzt am unteren Ende der Wirbelsäule und öffnet sich nur Richtung Erde (6). Es steht für Überlebenswillen und Lebenskraft und damit für zentrale Themen des verkörperten Individuums (6) in einer teilweise lebensfeindlichen Natur auf dem Planeten Erde.

Um ein Chakra zu öffnen, bedarf es also der Aktivierung der Themen beider Felder entlang der Spiegelachse zwischen (6) und (12).

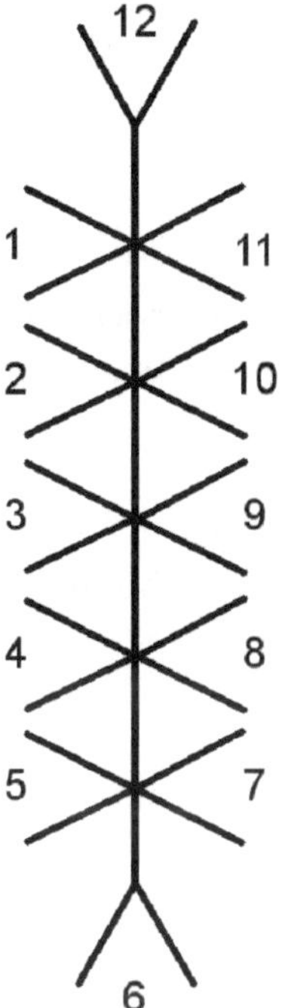

Abbildung 4: Die 7 Chakren und die 12 Felder entlang der vertikalen Wirbelsäule (Achse 6, 12)

Die Felder (6) und (12) können direkt geöffnet werden. Eine Öffnung von (6) verbindet mit der Erde. Eine Öffnung von (12) öffnet zum Göttlichen.

Das Sakralchakra kann sich vollständig öffnen, wenn eine Verschmelzung (5) mit einem anderen Menschen (7) stattfindet.

Der Solarplexus öffnet sich vollständig, wenn die im Unterbewusstsein gespeicherten Emotionen (4) und karmischen Erinnerungen (8) erfolgreich bearbeitet sind und keine negativen Gefühle zurückbleiben.

Das Herzchakra öffnet sich vollständig, wenn Intellekt (3) und Weisheit (9) voll ausgebildet sind und miteinander als höchst liebevoller und wissender Geist zusammenarbeiten.

Das Halschakra öffnet sich vollständig, wenn der Mensch mit den uns umgebenden Energien und der Materie eins wird.

Das dritte Auge öffnet sich vollständig, wenn unser Wille (1) eins wird mit dem gesamten Kosmos (11).

Jede dieser theoretischen Öffnungen beruht auf dem Prinzip der Vereinigung. Und dies ist, anders ausgedrückt, Liebe. Keine Liebe im partnerschaftlichen oder begehrenden Sinne, sondern im geistigen oder spirituellen Sinne.

Eine vollständige Öffnung ist im derzeitigen jungen Entwicklungsstadium der Menschheit jedoch äußerst selten. Üblicherweise sind unsere Chakren mehr oder weniger aktiv und leicht geöffnet. Dadurch ergeben sich folgende weniger machtvolle Fähigkeiten für uns:

Eine leichte Öffnung des Kronenchakras sorgt für höhere Energien und Eingebungen.

Eine leichte Öffnung des Dritten Auges kann zu Intuition, Hellsichtigkeit und Willenskraft führen.

Eine leichte Öffnung des Halschakras führt zu harmonischer Kommunikation (also Verbundenheit) mit unserer Umgebung.

Eine leichte Öffnung des Herzchakras öffnet den Geist und macht froh.

Eine leichte Öffnung des Solarplexus stärkt das Selbstbewusstsein und das Ich-Gefühl.

Eine leichte Öffnung des Sakralchakras fördert Sexualität und Lebensfreude.

Eine leichte Öffnung des Wurzelchakras aktiviert die körperliche Energie und den Überlebenswillen.

Der Energiefluss zwischen den Chakren entspricht dem Pfad des Universums in den 12 Feldern. Es gibt einen Fluss von oben nach unten (12, 1, 2, 3, 4, ...) und von unten nach oben (6, 7, 8, 9, ...).
Unsere Energie beziehen wir grundsätzlich von oben über das Kronenchakra. Diese Energie wandert dann durch einen Hauptenergiekanal abwärts und vom Wurzelchakra (6) durch einen parallelen Hauptenergiekanal wieder aufwärts. Ist der Energiefluss in einem energetisch nicht gesunden Menschen teilweise blockiert, so können benachbarte Chakren entsprechend mit beeinträchtigt sein. Oder sie können genutzt werden, um zum Beispiel Energien in ein zu inaktives benachbartes Chakra zu transportieren.

Psychologie

Der individuelle Mensch (6) ist stets göttlichen Ursprungs (12). Er ist mit der Göttlichkeit untrennbar verbunden. Er ist Gott in Bewegung, weiß es aber vorübergehend nicht mehr.
Als Teil und Abbild des Göttlichen ist der Mensch jedoch durch seine Bindung an die Schöpfung nicht im Besitz unendlicher Kräfte, wie sie in (12) vorhanden sind. Der Mensch ist begrenzt. In seinem Wissen, in seiner Größe und in seiner Macht. Er besitzt begrenzte Willens- und Schöpfungskraft (1) und kann Materie und Energie im Rahmen seiner Möglichkeiten ansammeln, bewegen und verformen (2). Wir haben einen Geist, der uns intellektuelle und ganzheitliche Wahrnehmung ermöglicht (3, 9) um uns selbst und unsere Umwelt zu begreifen. Der Intellekt denkt eher strukturiert und in Worten. Sein größerer Bruder, die Weisheit, denkt ganzheitlich, eher in Bildern und liebevoll. Durch die kulturelle und anerzogene Überbetonung des Intellekts in der heutigen westlichen Welt, wird der Zugang zur Weisheit erschwert, so dass die wertvolle Verbindung vom Menschen (6) zur Göttlichkeit (12) darunter leidet. Durch den Intellekt bilden sich gedankliche Konzepte und Weltbilder, die aufgrund der begrenzten Sichtweise des Menschen plausibel erscheinen mögen, aber fundamental falsch sein können.

Unsere Gefühle (4) im Laufe der Inkarnationen (8) werden im Unterbewusstsein gespeichert und prägen unseren individuellen Charakter. Ungefähr 80% unserer Handlungen werden in Wahrheit vom Unterbewusstsein

bestimmt. Und dieses Unterbewusstsein ist nur eine Ansammlung von guten und schlechten Erinnerungen.
Wir besitzen einen mehr oder minder starken Drang, uns egozentrisch in der Welt auszudrücken (5) und Beziehungen einzugehen (7). Der Mensch hat Ziele und möchte sich selbst verwirklichen (10). Sei es spirituell oder weltlich. Und manchmal bewusst, aber immer unterbewusst, hat der Mensch ein tiefes Bedürfnis, mit der Gesellschaft zu verschmelzen und wieder Teil des großen Ganzen zu werden (11). Isolierte und konkurrierende Individuen zu sein, ist nicht unsere Natur und wird es nie werden.

Hier wird deutlich, dass der Mensch als Geschöpf innerhalb der Schöpfung ebenfalls den Kreis der 12 Felder durchläuft und in sich trägt. Die Interpretation dieser Felder ist allerdings pragmatischer und auf das menschliche Leben bezogen. Wir betrachten die 12 Felder also eine Oktave tiefer und gehen davon aus, dass sich der in seinen Möglichkeiten begrenzte Mensch bereits auf der Erde und im Inkarnationszyklus befindet.

Aus den 12 Feldern lässt sich auch gut herleiten, dass im Menschen stets zwei Kräfte wirken, nämlich eine Kraft, die sich in die Schöpfung begeben möchte (1-6) und eine Kraft, die sich davon lösen möchte (7-12). Beide Kräfte sind zu jedem Zeitpunkt bewusst und unterbewusst in jedem Menschen vorhanden. Früher hieß das ‚Versuchung' und ‚Erlösung'. Oder Brahma und Shiva. Oder Teufel und Gott. Aber in Wahrheit sind die 12 Felder eine gottgemachte und gottgewollte harmonische Ordnung und Schwingung.
Und selbst für den theoretischen Fall, dass unsere Verstrickung in der Welt ein kosmischer Unfall wäre, so

würde diese Erkenntnis nichts daran ändern, wie wir das Leben im besten Falle angehen sollten. Historisch haben Religionsgemeinschaften immer wieder den Fehler begangen, den Menschen einzureden, schuldig zu sein oder Sünder zu sein. Diese Denkweise ist nicht hilfreich und unbegründet. Nur, weil die Menschheit derzeit inkarniert (8) und sich auf natürliche Weise langsam zurück auf den Weg zu Gott (12) macht, waren die Schritte davor nicht falsch. Bei der Rückkehr von einer Reise, war die Reise nicht zwangsläufig ein Fehler. Sie neigt sich nur dem Ende zu. Mehr nicht.

Energetische Balance

Eine Ursache von psychischen, emotionalen und körperlichen Krankheiten kann ein Ungleichgewicht zwischen den 12 Feldern im Menschen sein. Es ist also nicht nur für die Überwindung des Reinkarnations-Zyklus, sondern auch für die Gesundheit wichtig, die Mitte anzustreben und Extreme zu vermeiden.

Ein wildes Tier oder ein Gift könnte den Körper direkt schädigen. Das wäre eine Ursache aus den Feldern (6) oder (7).
Unausgewogenheit entsteht, wenn gegenüberliegende Felder nicht gleichzeitig und ausgewogen gelebt werden. Zum Beispiel, wenn sich ein Mensch leidenschaftlich auslebt (5) ohne auf die Gemeinschaft (11) Rücksicht zu nehmen.

Daher sind pauschale Lebensmodelle und Verbote im Einzelfall oftmals kontraproduktiv. Für einen übersexualisierten Menschen kann es heilsam sein, für einen begrenzten Zeitraum abstinent zu leben und die sexuelle Energie auf ein gesundes Maß zu reduzieren. Ein pauschales Verbot, wie das Zölibat, oder eine gesellschaftliche Tabuisierung bzw. Unterdrückung von Sexualität wirkt sich oftmals negativ aus und kann im schlimmsten Falle zu Pervertierungen oder aggressiven Ersatzhandlungen führen.

Ein Mensch, der zu egozentrisch und willensstark ist (Überbetonung der (1)) braucht mehr Sinn für seine Mitmenschen (Spiegelpunkt von (1): (7)).

Ein Mensch, der sich zu sehr an Materielles klammert (Überbetonung der (2)) braucht mehr Sinn für die Vergänglichkeit und Unbedeutsamkeit dieser Dinge (Spiegelpunkt von (2): (8)).

Ein Mensch, der zu intellektuell bzw. verkopft denkt (Überbetonung der (3)) braucht mehr geistige Öffnung, Weisheit und Liebe (Spiegelpunkt von (3): (9)).

Ein Mensch, der zu emotional ist und festhält (Überbetonung der (4)) braucht mehr Öffnung und Zielorientierung um etwas zu verwirklichen (Spiegelpunkt von (4): (10)).

Ein Mensch, der aus sich heraus zu drangvoll ist (Überbetonung der (5)) braucht mehr Sinn für die Gemeinschaft (11) und sollte dort seine Rolle finden (Spiegelpunkt von (5): (11)).

Ein Mensch, der sich zu sehr mit dem Körper und dem irdischen Leben identifiziert (Überbetonung der (6)) braucht mehr Bewusstsein für das uns umgebende Göttliche (Spiegelpunkt von (6): (12)).

Ein Mensch, der zu abhängig und fixiert auf andere Menschen ist (Überbetonung der (7)) braucht mehr Selbstbewusstsein und Eigenständigkeit (Spiegelpunkt von (7): (1)).

Ein Mensch, der nur Veränderung und Unruhe erfährt (8) braucht mehr Stabilität und Festhalten (Spiegelpunkt der (8): (2)).

Ein Mensch, der sich in ganzheitlichen Weltanschauungen verliert (Überbetonung der (9)) braucht mehr geistige Struktur und Klarheit (Spiegelpunkt der (9): (3)).

Ein Mensch, der zu zielgerichtet und ehrgeizig ist (Überbetonung der (10)) braucht mehr Bezug zu seinen emotionalen Bedürfnissen (Spiegelpunkt der (10): (4)).

Ein Mensch, der sich zu sehr an den Werten der Gemeinschaft orientiert (Überbetonung der (11)) braucht mehr Sinn für die eigenen Bedürfnisse (Spiegelpunkt der (11): (5)).

Ein Mensch, der zu sehr spiritualisiert ist (Überbetonung der (12)) braucht mehr Erdung und Bezug zum Körper (Spiegelpunkt der (12): (6)).

Aus diesen Polaritäten erkennt man auch die bereits erforschte Verwandtschaft von Chakren. Beispielsweise gibt es im Reiki eine Technik, um zwei bestimmte Chakren energetisch durch Handauflegen auszugleichen, falls sie deutlich unterschiedlich stark geöffnet sind. Daraus ergibt sich eine Struktur, wie die jüdische Menora (Abbildung 4):

Das Wurzelchakra (6) wird mit dem Kronenchakra (Spiegelpunkt von (6): (12)) ausgeglichen.

Das Dritte Auge (1, 11) wird mit dem Sakralchakra (5,7) ausgeglichen.

Das Halschakra (2, 10) wird mit dem Solarplexus (4, 8) ausgeglichen.

Das Herzchakra (3, 9) wird als Mittelpunkt der 7 Chakren nicht ausgeglichen.

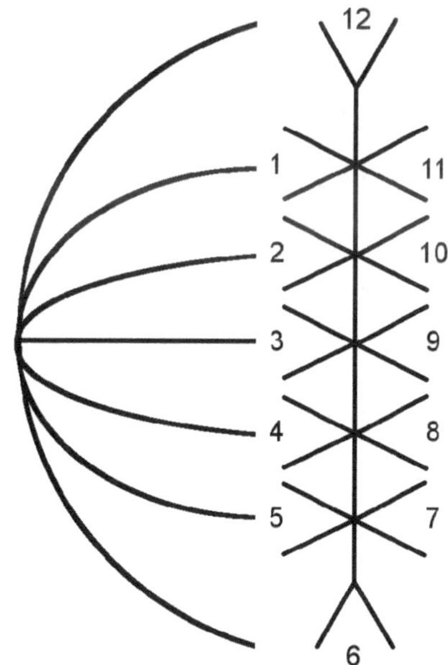

Abbildung 5: Chakrenausgleich

Aus der Bedeutung der Chakren und dem Energiefluss zwischen ihnen ergibt sich auch eine gute Möglichkeit, unsere begrenzte Gedankenkraft für die Selbstheilung oder schöpferisch zu nutzen:

Zunächst sollte der Geist ruhig und zentriert sein. Also im geöffneten und liebevollen Herzchakra verweilen. Dazu kann – je nach Vorliebe - der buddhistische Ansatz helfen, die Atmung bewusst zu beobachten, denn die Lunge hat einen starken Bezug zum Herzchakra.

Dann wird über den Hals eine Verbindung mit dem Universum und dem Göttlichen hergestellt. Auch mit der Erde (6) zum Abfluss alter Energien.

Jetzt soll willentlich (1) ein Schutzkreis um uns gelegt werden und möglichst viel göttliches Licht über das Kronenchakra (12) in unser Energiesystem fließen.

Im dritten Auge bekommt diese hohe aber ungerichtete Energie eine glasklare Absicht und Prägung. Beispielsweise die Heilung einer Angst oder die Entwicklung von innerer Stärke. Dann führen wir diese Energie entlang der Wirbelsäule zu ihrem Bestimmungsort. Im Beispiel wäre dies der Solarplexus, denn dort ist die Programmierung unseres Unterbewusstseins. Unterstützend könnten wir noch zulassen, dass alte emotionale Muster über das Wurzelchakra an die Erde abfließen.

Dieses Bild kann nun selbständig wirken und arbeiten. Es braucht bei gedanklicher Abschweifung nur noch von Zeit zu Zeit leicht wiederholt bzw. neu angeschoben zu werden, um den Energiefluss aufrecht zu halten.

Diese Technik – eine unter vielen - ist für Menschen, die energetisch arbeiten, spürbar. Aber der Mensch besitzt absichtlich nicht die unendliche Macht des Göttlichen. Gedankenkraft existiert, aber ihre Wirkung ist begrenzt. Es gibt in der Esoterik-Szene populäre Veröffentlichungen, die dem faszinierten Leser suggerieren, mit seinen Gedanken alles erreichen zu können. Das ist schlicht falsch und nicht gewollt. Im menschlichen Zustand des Irrtums wäre unendliche Macht sogar fatal.

Die Anwendungen von energetischen Verfahren, Visualisierungen, Beten, schamanischen Ritualen, spirituellen Ritualen, Hypnosen usw. sind zunächst wertvoll. Aber sie brauchen – je nach Fall – Wiederholungen und können auch – je nach Fall – an der Intensität und Tiefe des Karmas zunächst scheitern. Jede Seele wird eines Tages von allem geheilt sein, aber dieser Prozess braucht seine Zeit und kann höchstens unterstützt und verkürzt werden.

3. Die Architektur der geistigen Welt

In jedem Menschen ist eine mehr oder minder ausgeprägte und geschulte Intuition, die zu direkten Erfahrungen mit der uns umgebenden geistigen Welt führt. Zu dieser feinstofflichen Welt kehrt die Seele zurück, wenn sie den Körper verlässt. Diese Ebene der Existenz ist vergleichsweise sehr angenehm, lichtvoll und schön. Viele irdische Probleme existieren dort nicht oder nur in sehr erträglicher und schwacher Form.
Diese uns umgebende Welt vergessen wir meist mit der Geburt vorübergehend, um unsere uns zugedachte Rolle in der jeweiligen Inkarnation auf der Bühne des irdischen Lebens zu spielen.

Es gibt bis heute viele Methoden, um sich dieser geistigen Welt zu nähern. Ihnen gemein ist es, den denkenden Verstand (Intellekt) und die Emotionen durch Techniken gezielt zu beruhigen, um für die feinen Eindrücke und Schwingungen der geistigen Welt empfänglich zu werden. Denn diese Eindrücke sind stets in uns und um uns.

Solche Eindrücke gewinnen einige wenige Menschen ohne eigenes Zutun durch stärker geöffnete Chakren. Häufiger sind hingegen Erfahrungen der geistigen Welt durch angeleitete Tiefenentspannung (Hypnose, Trance), Meditationen, schamanische Rituale und vieles mehr. Menschen aller Religionen haben durch ihre Praktiken immer wieder bewusst übersinnliche Erfahrungen machen können. In der Bibel hatten die Hauptfiguren Kontakt zu Engeln und vielleicht zu Gott selbst. Der Koran beruft sich als Quelle auf einen Erzengel. Indianer suchten schamanisch Kontakt mit ihren verstorbenen Ahnen. Fast jede Kultur praktizierte solche oder andere Techniken.

Problematisch ist der Rückschluss, durch übersinnliche Wahrnehmung auf die Richtigkeit und Überlegenheit der eigenen Religion zu schließen. Im Prinzip hat jeder Mensch Veranlagungen (geistige Organe), um die geistige Welt wahrzunehmen. Aber diese Fähigkeiten sind oftmals nicht geschult, werden geleugnet, sind aberzogen und somit im individuellen Lebensplan erstmal nicht vorgesehen.

Die Auswertung aller Erlebnisse, die Menschen in der geistigen und mit der geistigen Welt machen, führt zu übereinstimmenden Berichten über eine höhere Sphäre. Diese ist sehr belebt mit körperlosen Seelen, die viel besser um höchste Erkenntnisse und Wissenschaft wissen, als wir. Dort ist es normal, dass die Hochentwickelten das Sagen haben und nicht die Machthungrigen. An diesem feinstofflichen Ort sieht man den Seelen ihr Entwicklungsniveau und ihre Reinheit sofort äußerlich an. Um den Zyklus und die Verbundenheit der Schöpfung wissend, arbeiten die Seelen in verschiedensten Funktionen am Erhalt und der Weiterentwicklung der Menschen. Inkarnierte werden von dort unsichtbar geführt und inspiriert. Verstorbene werden am Ort ihres Todes abgeholt, begleitet und betreut. Neue Inkarnationen werden thematisch besprochen und geplant. Vergangene Inkarnationen werden nachbesprochen und analysiert. In höheren Gremien wird die Zukunft unseres gesamten Planeten diskutiert und geplant.
Auch in dieser geistigen Welt gibt es eine natürliche Hierarchie, da das Entwicklungsniveau und der Erfahrungsschatz der Seelen unterschiedlich groß sind.

Darüber hinaus gibt es liebevolle, von Gott gesandte Wesen, die uns unsichtbar unterstützen, aber selbst nie inkarniert sind. Diese wurden früher als ‚Engel' bezeichnet. Deren Vorgesetze als ‚Erzengel'.

Daher haben frühere Menschen voller Ehrfurcht hochentwickelte geistige Wesen als ‚Götter' bezeichnet, und es schien, dass der Himmel scheinbar voll von Gottheiten war. Letztlich drückt diese Bezeichnung nur übertriebene Ehrfurcht aus. In dieser ‚Firma' der geistigen Welt arbeiten Sachbearbeiter genauso wie Teamleiter und das Management. Jeder entsprechend seiner erworbenen Fähigkeiten und Entwicklungsabsichten.
Eine Abteilung ist dafür zuständig, die inkarnierten Menschen zu betreuen und zu unterrichten. Diese Wesen sind Schutzgeister. Solche Wesen gibt es nicht für das inkarnierte Individuum, sondern auch für Häuser, Länder, Firmen und so weiter. Die Welt wäre viel chaotischer, wenn sie den Menschen in ihrer Unwissenheit und Verwirrung komplett überlassen werden würde.

In der geistigen Welt gibt es auch Wesen, die Wissen und Datenbanken verwalten. Sie sind es, die während einer Rückführung in vergangene Leben freischalten, welche konkreten Erinnerungen vom Klienten und Therapeuten geschaut werden dürfen. Der Therapeut, selbst nur ein Mensch, kann das aus seiner begrenzten Perspektive heraus weder wissen noch entscheiden. Das wir uns an vergangene Leben üblicherweise nicht erinnern, ist kein Fehler, sondern Absicht. Aber in bestimmten Fällen ist eine Erinnerung erlaubt oder sogar nötig. Nämlich dann, wenn derjenige durch die Erfahrung von Reinkarnation sein Weltbild verändern soll oder zumindest die Heilung einer traumatischen Erinnerung aus einem früheren Leben im Unterbewusstsein stattfinden soll.

Verlässt eine Seele zum Zeitpunkt des Todes ihren Körper, so ist dieser Zeitpunkt in der geistigen Welt vorher bekannt und wurde vorbereitet. In diesem emotional schwierigen Moment des Realisierens des eigenen Todes werden die Seelen von vertrauten Wesen begrüßt und in die geistige Welt zurückgeholt. Dann gehen sie sofort oder im Verlaufe der nächsten Tage durch den sichtbar gewordenen Lichtkanal, um zur geistigen Welt zurückkehren.
Leider leben wir in Zeiten, wo einige Menschen derart geistig verwirrt und kraftlos sterben, dass sie dieses Licht direkt nach ihrem Tode nicht sehen. Dann bleiben sie erstmal in dieser körperlosen Zwischenwelt irritiert zurück, bis sie ihren Tod verstanden haben und sich energetisch ausreichend stärken konnten. Machen sich diese Seelen in ihrer Verwirrung bewusst bemerkbar, hätte man früher von ‚Gespenstern' gesprochen. Es braucht dann Energie, zum Beispiel durch spirituelle Kraftorte oder Gebete, um deren eigene Energie soweit anzuheben, so dass eine Rückkehr in die geistige Welt möglich ist.
Die Ursache von solchen verwirrten Zuständen ist vielfältig. Sie kann beispielsweise eine äußert kräftezehrende medizinische Therapie sein oder schwerer Alkoholismus zum Lebensende. Da alles miteinander im Universum verbunden ist, wirken sich diese körperlichen Aspekte auf das Energiesystem negativ aus.

Auch wenn die geistige Welt sehr schön und lichtvoll ist, sind die Herausforderungen als individuelle Seele auf der Erde in seltenen Fällen derart verwirrend und schmerzhaft, so dass eine Seele vor lauter Hass und Unverständnis eine ‚schlechte' Energie bekommt. Dann wendet sie sich gegen die oben beschriebene geistige Welt. Solche Seelen werden destruktiv und zunächst aus der Gemeinschaft ausgeschlossen. Diese Wesen sind sogenannte ‚Dämonen'. Auch sie werden letztlich zum Ursprung und zur Liebe zurückfinden und befinden sich in der geistigen Welt oder auf der physischen Welt in einer traurigen Verfassung, die gerade nichts Anderes zulässt, als ihre Form von Hass und Verzweiflung auszuleben. Auch das aufgestaute Negative muss sich entladen, um zu verschwinden und um etwas Besserem Platz zu machen. Das ist echte Transformation. Und die lichtvollen geistigen Wesenheiten können unserem leidvollen Treiben auf der Erde gleichmütig zusehen, weil sie um diese höheren Zusammenhänge und deren Alternativlosigkeit wissen. Die Heiligen von heute sind die Massenmörder von gestern.

Viele, die eine persönliche Tragödie durchleben mussten, fragen sich, warum Gott das zulässt. Nun, Gott in seiner ursprünglichen passiven Form (12) weiß vermutlich nicht einmal, dass wir hier auf der Erde existieren. Aber das Göttliche in seiner dynamischen Form (1, 2, 3, ...) besteht unter anderem aus geistigen Wesen, die liebevoll aber nicht gottgleich im Sinne der Allmacht (12) sind. Dies sind auch die Wesen, die wir durch Gebete erreichen und die auf diese Gebete aktiv reagieren. Aber immer in Einklang mit unserem Karma, unserem Lebensplan und unseren evolutionären Lernabsichten. Und da wir als inkarnierte Menschen diese Pläne meist gar nicht kennen, entsteht oftmals Unverständnis über unsere Schicksalsschläge.

4. Historische spirituelle Parallelen

Das Wissen aus den 12 Feldern findet sich in vielen traditionellen Philosophien wieder:

Jesus

Die Bibel enthält seit jeher wertvolle spirituelle Weisheit, deren Ursprung in den Einsichten hoch entwickelten Seelen liegt. Durch die aus moderner oder wissenschaftlicher Sicht fragwürdige und lückenhafte Qualität der Aufzeichnung und Weitergabe des Wissens ist ein Buch entstanden, dass – gemessen an seiner einfachen Botschaft – sehr umfangreich, unvollkommen und verschlüsselt ist. Die wichtige und wertvolle Essenz muss erforscht werden. Und diese Erforschung bietet leider Raum für Spekulationen und Fehlinterpretationen. Interessanterweise endet auch die aus naturwissenschaftlicher Sicht falsche Schöpfungsgeschichte im Alten Testament im sechsten Schritt, d.h. am sechsten Tag, mit der Verkörperung von Adam, also dem Menschen (6). Danach folgt die Erschaffung einer Gefährtin für den Menschen (7) und, durch den Sündenfall, die Bindung an den Tod (8) mit dem langfristigen Ziel, zu Gott zurückzufinden (9, 10, 11 und 12).
Die Geschichte vom Brudermord zwischen Kain und Abel passt ebenfalls zu (8). Nach dem vertikalen Sündenfall vergeht sich hier symbolisch ein menschliches Wesen zum ersten Mal aus Unwissenheit gegen ein anderes menschliches Wesen (horizontaler Sündenfall) durch das Fehlen von Liebe und Weisheit, was die karmische Bindung (8) an die Welt verstärkt. Im biblischen Sinne führt dies zu einer göttlichen Bestrafung. Ich interpretiere dies

als Karma, das im weiteren Inkarnationskreislauf einen Ausgleich sucht.

Ein Sohn Gottes zu sein, ist gemäß den 12 Feldern ein Zustand jeder Seele, da alles aus (12) hervorgeht und alles von (1) bis (11) Gott in Bewegung ist. Der Ursprung in (12) ist aufgrund seiner unendlichen und eigenschaftslosen Natur auch im Sinne der Bibel ‚unergründlich'. Niemand sollte sich über (12) ein Bild machen. Nicht, weil (12) sonst böse wird, sondern weil es gar nicht geht. (12) ist der Ursprung von allem und kein Objekt der Wahrnehmung. Aus (12) gehen alle Objekte, die wahrgenommen werden, hervor.

Durch die Häufigkeit des Inkarnierens haben Seelen einen unterschiedlich hohen Grad an Weisheit erlangt, so dass es zu jeder Zeit und in jeder Region hochentwickelte Seelen gibt, die den Reinkarnationszyklus bereits verlassen haben oder zumindest fast verlassen haben. Dann kehren sie aus purer Nächstenliebe freiwillig in eine helfende Funktion für uns zurück. Solche Seelen gab und gibt es zu jeder Zeit in vielen Kulturkreisen, in vielen Religionen und außerhalb von Religionen. Manche wirken öffentlich, manche im Verborgenen. Zu diesen öffentlich wirkenden Seelen gehörte unter anderem auch Jesus.

In Kenntnis tiefer Einsichten in das Leben und zu einer dunklen Zeit, wo das Karma der gesamten Menschheit durch die Verrohung des Einzelnen sehr schlecht wurde, lehrte er bedingungslose Liebe.
Bedingungslose Liebe ist keine Liebe in partnerschaftlicher oder begehrender Weise. Es ist die höchste und schönste Geisteshaltung, die gegenüber sich selbst und dem ganzen Universum existiert. Wer

bedingungslos mit allem in Harmonie ist, tiefen Frieden empfindet, tiefes Vertrauen besitzt, der nutzt seine Willenskraft angemessen und konstruktiv, z. B. durch Beten (1), braucht nur das Nötigste zum Leben (2), bewertet und verurteilt nicht (3), hat keine Angst (4), ist kreativ anstatt egozentrisch (5), liebt sich selbst (6), zeigt Nächstenliebe (7), befreit sich schließlich aus dem Inkarnationszyklus (8), ist weise (9), verwirklicht sich selbst (10), ist mit allem verbunden (11) und ist mit dem göttlichen Bewusstsein verbunden (12).

Die 7 Todsünden suggerieren leider jedem Menschen, ein Sünder zu sein.
Hochmut, Jähzorn, Neid, Trägheit, Wolllust, Geiz und Völlerei sind unausgewogene Verhaltensweisen oder Einstellungen aus den Feldern (1) bis (7), die Karma und Leid mehren. Daher werden sie durch das Inkarnieren allmählich ausgeglichen und geheilt.
Dieses Konzept der ‚Todsünden' ist insofern hilfreich, als dass es uns aufzeigt, welche Charaktereigenschaften nicht förderlich sind. Dieses Konzept ist aber auch schädlich, da es dem Menschen suggeriert, ein Sünder zu sein, der Buße tun muss. Dies ist psychologisch leider tief im kollektiven Geist der Menschheit verwurzelt und eine Form von Masochismus im ursprünglichen psychologischen, aber nicht im sexuellen Sinne. Und dieser Masochismus bedingt auch eine Bestrafung anderer Menschen für ihre angeblichen Verfehlungen. Dies ist Sadismus.
Masochismus und Sadismus sind geistige Konzepte (3), die schädlich sind und Karma mehren. Daher braucht ein Mensch keine Buße, sondern Vergebung für sich selbst und für andere. Das ist eine weitere wertvolle Botschaft aus der Bibel. Zumindest aus dem Neuen Testament.

Beten ist eine sehr gute Technik, um zu Gott zu finden und für sich selbst etwas zu bewirken. Denn beten beinhaltet einen Willen (1), der eine schöpferische Kraft besitzt. Richten wir unseren Willen auf ein höheres Ziel (Gott, Gesundheit, Liebe usw.) so entsteht als Folge ein schöpferischer Impuls.

Buddha

Buddha war vor seiner Erleuchtung (10) fasziniert von der Natur des menschlichen Leidens (8). Er fand heraus, dass (psychisches) Leid real ist, aber aufgelöst werden kann. Körperlicher Schmerz ist hingegen unvermeidbar. Buddha begann in seiner spirituellen Neugier, so wie damals üblich, als Asket zu praktizieren und bemerkte rechtzeitig, dass die völlige Entsagung ein Extrem ist, das es zu vermeiden gilt. Stattdessen soll die Mitte gefunden werden. So wie in den 12 Feldern jedes Feld seine Berechtigung hat und keines unterdrückt werden sollte. Wer zum Beispiel als Asket lebt, zieht sich zwischenmenschlich zurück (7), besitzt gar nichts (2), vernachlässigt seinen Körper (6) und unterdrückt seine vorhandenen Begierden (5) zwanghaft.
Dieser Ansatz kann tatsächlich in Einzelfällen für einen gewissen Zeitraum sinnvoll sein, um eine Überbetonung (Abhängigkeit) dieser Felder zu korrigieren. Aber es ist kein allgemeingültiges Konzept zur Weiterentwicklung der Seele.

Stattdessen lehrte Buddha nach seiner Erleuchtung (10) folgenden ‚achtfachen Pfad':

Rechte Anschauung (9)

Rechtes Denken (3)
Rechte Rede (3)
Rechtes Handeln (5, 6, 7)
Rechter Lebenserwerb (2, 6)
Rechtes Streben (1, 10)
Rechte Achtsamkeit (4, 5, 6)
Rechte Sammlung (1)

Die acht Pfade versuchen, alle Aspekte des menschlichen Seins zu glätten, zu harmonisieren und auf die Vermeidung weiterer karmischen Verstrickungen (8) auszurichten.

Bis heute hat sich im Buddhismus eine interessante Form von Achtsamkeits-Meditation etabliert. Bei dieser teils durch Mantren unterstützen Form, die der Meditation im Yoga ähnelt, konzentriert sich der Meditierende bewusst auf den Atem. Der Atem ist mit dem Geist verbunden, weil der Atem mit dem Herzchakra verbunden ist. Wenn wir uns also sanft und fokussiert auf den Atem konzentrieren, so öffnet sich das Herzchakra etwas und der Geist kommt zur Ruhe. Durch Erlernen und Leben dieser geistigen Ruhe wird neues Karma vermieden, Einsichten in die wahre Natur der Dinge wachsen und Weisheit (9) mehrt sich.
Der gesamte buddhistische Ansatz zur Überwindung des Karmas hat den Vorteil, dass er gut überliefert worden ist und in seiner Geschichte wenig Manipulation durch Menschen erfuhr. Besonders erfreulich ist der Ansatz, dass der Buddhismus dem Menschen seine Philosophie und praktischen Techniken unaufdringlich anbietet, sich selbst aber weder über andere Religionen erhöht noch um Macht ringt.

Auch wenn Buddha ein höchst wertvoller Weisheitslehrer für die Menschheit war, so bedeutet dies nicht pauschal, dass alle Menschen buddhistische Mönche werden sollten, um den Kreislauf der Reinkarnation (8) zu überwinden. Die Mitte ist entscheidend. Wir sollen und dürfen alle Bereiche des Lebens maßvoll leben. Auch materielle Genüsse, Sexualität etc...
Wer sich dennoch dazu entscheidet, das Leben in Tempeln der Religion seiner Wahl zu führen, für den mag dies aus karmischer Sicht und zur Weiterentwicklung bestimmter Eigenschaften vorübergehend angesagt sein, aber es bedeutet nicht, spirituell höher zu stehen als ein weltlich lebender Mensch. Oftmals fühlen sich Seelen nur deshalb zu Tempeln hingezogen, weil sie das dortige Leben unterbewusst bereits aus früheren Leben kennen und vermissen. Gerade deswegen ist es in solchen Fällen oftmals besser, auch die weltlichen Aspekte zu meistern und sich den gesellschaftlichen und kulturellen Herausforderungen ausserhalb der geschützten Tempelbereiche zu stellen.

Das ursprüngliche Tantra

Tantra ist eine uralte Wissenschaft, deren ursprüngliche Rituale nicht überliefert sind und daher zum Großteil verlorengingen. Heutige Tantra-Seminare sind zwar in der wachsenden Esoterik-Szene wieder gefragt, aber oftmals vergleichsweise unsauber und unspirituell.

Die zugrundeliegende Philosophie des Tantra ist die sogenannte ‚Shiva-Shakti-Philosophie'. In dieser hinduistischen Philosophie lassen sich die 12 Felder ohne

großes Zutun wiederfinden. Zumindest auf einer allgemeineren Ebene:
Nach der Shiva-Shakti-Philosophie ist Shiva Gott im Ruhezustand (12) mit seinem unendlichen Potenzial. Sobald Gott Dynamik entfaltet und in Bewegung kommt, entspricht dies Shakti. Diese Bewegung ist in den Feldern (1-11) in unterschiedlicher Intensität vorhanden. Am unteren Ende der Wirbelsäule (6) wird davon ausgegangen, dass die Kundalini-Kraft (Shakti) gespeichert ist und darauf wartet, sich mit dem Göttlichen (12) zu verbinden, indem sie im Menschen entlang der Wirbelsäule (Achse (6) – (12)) bis zum Kronenchakra (12) ungehindert aufsteigt. Dadurch findet im Yogi bzw. im Tantriker eine Energieexplosion statt. Dies führt bestenfalls zur Erleuchtung, also zur Überwindung des Zyklus der Reinkarnation (8).
Die sexuellen Praktiken haben einen Bezug zum Sakralchakra. Da dieses mit dem Dritten Auge verbunden ist, kann eine Öffnung des Sakralchakras dazu führen, dass das Dritte Auge und deren Eigenschaften aktiviert wird.
Shiva und Shakti sind untereinander nicht hierarchisch, sondern die zwei prinzipiellen Zustände des Unendlichen. Ihre gleichzeitige Existenz und ihr Wechsel aus Trennung und Verschmelzung wird im Hinduismus bildlich als göttlicher Tanz dargestellt.

Ungefähr zu Krishnas Zeiten war Tantra eine hochspirituelle Praxis im indischen Raum. In geschützten und reingehaltenen Tempeln wurden seelisch fortgeschrittene Kinder, die durch hellsichtige Mönche sorgfältig ausgewählt worden waren (vergleichbar mit der Wahl des neuen Dalai Lama im tibetischen Buddhismus), in das geschützte Tempelleben integriert,

um dort durch Anwesenheit und – in späteren Jahren - Teilnahme an den tantrischen Praktiken ‚sexualisiert' und somit spiritualisiert zu werden. Da bei diesem Prozess höchst spirituelle und hochenergetische Zustände erreicht werden konnten, wurde sehr viel Wert auf reinigende Rituale, reine und aufs Göttliche gerichtete Gedanken und reine Ernährung gelegt. Das Leben im Tempel diente nur der Verwirklichung des Göttlichen. Sexualität war kein Selbstzweck zur Sinnesbefriedigung, sondern Mittel zum Zweck.
Diejenigen Praktizierenden, die eine Meisterschaft im Tantra erlangten, besaßen ein sehr starkes Energiefeld und stark geöffnete Chakren. Durch deren Öffnung besaßen diese zur Meisterschaft gelangten tantrischen Mönche erstaunliche übersinnliche Fähigkeiten. Prinzipiell war Tantra dazu geeignet, eine hochentwickelte Seele in die Erleuchtung zu führen.

Tantra war in seiner damaligen reinen Form eine spirituelle Technik, die aber in der Praxis an Grenzen stieß. Damals kam es regelmäßig zu energetischen Unfällen, bei denen das enorm erweiterte und offene Sakralchakra in sich zusammenfiel oder sich umpolte. Manche Praktizierende verfielen in Hochmut. Manche wurden aufgrund ihrer übersinnlichen Gaben von der misstrauischen Dorfbevölkerung umgebracht.
Durch solche Unfälle und die im Laufe der Jahrzehnte gestiegene Tabuisierung der Sexualität kam diese Technik immer mehr zugunsten von Yoga-Techniken wie Meditation in Vergessenheit. Mangels schriftlicher Überlieferungen der exakten Reinigungsabläufe und Praktiken orientiert sich heutiges Tantra an der unverkrampften Auslebung und Entdeckung der Körperlichkeit – oftmals mit Fremden und deren

zweifelhaften Absichten - und bietet somit keine Technik, die zur Selbstverwirklichung bzw. Vereinigung mit Gott führen kann.

Yoga / Hinduismus

Dem Hinduismus, der mit dem Yoga verwandt ist, unterstellen westlich geprägte Menschen völlig zu Unrecht einen Glauben an viele Götter. In Wahrheit sind die vielen scheinbaren Gottheiten Aspekte bzw. Eigenschaften des einen Göttlichen. So wie jeder Mensch gleichzeitig unterschiedliche Rollen ausfüllt, z.B. als Partner, als Freund, als Kollege, als Kind und als Elternteil. Das bin alles ich, aber trotzdem verhalte ich mich in diesen Rollen unterschiedlich, weil die Erfordernisse und Umstände jeweils andere sind.
Auch im Yoga und Hinduismus wird von einem Gott ausgegangen, der unbeschreiblich und unendlich ist. Dieser wird ‚Brahman' genannt (12).
In Aktion bekommt Brahman Funktionen als Schöpfer ‚Brahma' (1 bis 5) und als ‚Rudra-Shiva' (7 bis 11), der die Schöpfung wieder transformiert und zum Ausgangspunkt (12) zurückführt. Der dritte Aspekt ‚Vishnu' ist die Liebe und Weisheit auf der Mittelachse (3, 9), die alles zusammenhält.
Brahma wird im Hinduismus fast gar nicht verehrt. Ihm ist in Indien ein einziger Tempel geweiht. Da Brahma, wie alles andere auch, rein göttlicher Natur ist, erscheint diese Tabuisierung rätselhaft. Sie ist aber insofern verständlich, als dass Brahma aus unserer menschlichen Sicht sein Werk bereits erfolgreich vollendet hat. Jeder einzelne Mensch, egal ob er spirituell lebt oder weltlich (was in Wahrheit beides spirituell ist), ist bereits auf dem Rückweg zum

göttlichen Ursprung. Und für diesen Pfad ist Shiva verantwortlich, der uns transformiert und weiterentwickelt. Aus diesem Grund ist nachvollziehbar, dass Shiva tagtäglich von Millionen Hindus angerufen wird, wenn sie Transformation und Erleuchtung suchen.

Der Pfad des sogenannten Bhakti-Yoga wird hauptsächlich im indischen Raum praktiziert. Anhand von hingebungsvollen Praktiken wird dem Göttlichen vom Menschen dargeboten. Das könnte in der Form von Mantra-Gesängen sein. Oder beispielsweise durch Rituale wie ‚Pujas'. Diese Techniken lassen im Praktizierenden die Hingabe und Liebe zum Göttlichen anwachsen und erzeugen bei sauberer Durchführung ein spürbares und schönes Energiefeld.
Demut und Hingabe zum Göttlichen sind eigentlich absurde Eigenschaften, da der Mensch selbst Gott ist. Durch diese Form von Demut wirft sich der Mensch vor dem Göttlichen nicht nur sinnbildlich in den Staub, sondern oftmals auch tatsächlich und physisch. ‚Gott ist alles und groß. Ich bin nichts.' Durch diese Auffassung entsteht eigentlich ein unüberwindbarer Spalt zwischen dem Menschen und dem Göttlichen.
Dieser Ansatz ist vor allem dann hilfreich, wenn der Charakter des Menschen, also sein Ego, karmisch bislang zu wenig Hingabe und Demut aufwies. Somit findet durch das Praktizieren und Verinnerlichen von Demut und Hingabe ein heilsamer Ausgleich statt. Der Praktizierende erinnert sich und fühlt, dass er doch nur ein kleiner Teil des großen Ganzen ist, obwohl er in Wahrheit immer das Ganze war und sein wird. Ohnehin ist doch jede Form von Spiritualität letztlich nur eine Rückbesinnung auf unsere eigene wahre und vergessene Identität, die sich nie geändert hat. Das Wollen (1), Denken (3), Fühlen (4) und

Begehren (5) werden auf das Göttliche gelenkt, um neues Karma zu vermeiden und altes Karma abzubauen.

Ähnlich verhält es sich mit Karma Yoga. Bei dieser Disziplin arbeitet der Mensch selbstlos für einen guten Zweck. Und zwar ohne Entlohnung und Dank. Auch dies fördert die Hingabe, denn es geht beim Karma Yoga nicht darum, eine Tätigkeit tatsächlich schnell und effektiv zu beenden. Vielmehr geht es darum, während der Tätigkeit eine Geisteshaltung aufrechtzuerhalten, die Arbeit selbst dem Göttlichen zu widmen.

Die Meditation (Raja-Yoga) ist die zurecht verbreitetste Technik, um Selbstverwirklichung zu fördern. Voraussetzung für die höchste Stufe ist natürlich, wie bei allen spirituellen Techniken, dass die Seele ohnehin den Kreislauf der Reinkarnation fast abgeschlossen hat. Es gibt nur noch wenig Karma und die evolutionären Schulstunden haben alle nötigen Themenbereiche erfasst.
Die effizienteste Meditationstechnik ist die Mantra-Meditation. Dazu rezitiert man innerlich üblicherweise ein Sanskrit-Mantra wie z.B. ‚Om' oder ‚Om Namah Shivay' und konzentriert sich meist auf das dritte Auge. Die Buddhisten nutzen andere Mantren, die nicht weniger wirkungsvoll sind.
Der Wille (1) wird einpünktig auf das Göttliche (12) gelenkt. Der Körper (6) kommt zur Ruhe. Unsere Umgebung (2) wird ausgeblendet. Der denkende Verstand (3) beruhigt sich und erfährt eine Reinigung. Dadurch glätten sich die aufsteigenden Emotionen (4) und Begierden (5). Mit dem Mantra verbunden sind höhere göttliche Schwingungen (12), die unseren Geist (3, 9) anstatt der sonst üblichen Gedanken erfüllen.

Hellsichtige Menschen können sehen, wie Licht während der Meditation spiralförmig über das Kronenchakra (12) in das Energiesystem des Meditierenden eintritt und sich im Energiekörper verteilt. Wir schaffen also eine Verbindung mit dem Göttlichen (12), reinigen unseren Geist, öffnen das dritte Auge (2, 11) und/oder das Herz (3,9) und vermeiden schlechte Gedanken, Gefühle, Leidenschaften und neues Karma (3,4,5,8).
Damit wird deutlich, warum Meditation eine so verbreitete und machtvolle Technik ist. Sie fördert diejenigen Felder im Kreis der 12, die uns transformieren und reinigt bzw. beruhigt diejenigen Felder (1-6), die unsere Verstrickung in der Welt verursachen.

Hatha-Yoga erfreut sich zunehmender Beliebtheit in der westlichen Welt und wird bei uns fälschlicherweise mit ‚Yoga' gleichgesetzt. Es besteht hauptsächlich aus bewussten Körperübungen, Atemübungen und Tiefenentspannung. In der ursprünglichen Yoga-Lehre ist diese Praxis keine eigenständige Yoga-Form, die zur Erleuchtung führt. Sie ist auch nicht spirituell. Vielmehr ist es eine Praxis, die es dem Yogi ermöglicht, sich körperlich gesund und flexibel zu halten, während er die spirituellen yogischen Pfade, die weiter oben beschrieben worden sind, bestreitet. Stundenlange Meditation, also stundenlanges Sitzen im Lotus-Sitz, kann für den Körper anstrengend und schmerzhaft werden. Daher nutzen Yogis einen Teil ihrer Zeit, um durch die ‚Gymnastik' im Hatha-Yoga möglichst viele Jahre gesund und schmerzfrei zu bleiben.
Mit dem Hatha-Yoga verwandt ist das Kundalini-Yoga. Vereinfacht gesagt ist Kundalini-Yoga ein energetisch intensives Hatha-Yoga. Diese Form des Yoga kann dazu führen, dass die Kundalini (Shakti) am unteren Ende der

Wirbelsäule (6) entlang der Wirbelsäule (Achse (6) – (12)) aufsteigt und sich mit dem Kronenchakra (12) verbindet. Je nach Karma und Reife der inkarnierenden Seele, kann dies zu bleibenden übersinnlichen Fähigkeiten oder sogar zur Erleuchtung selbst führen.

Jnana-Yoga, das Yoga der Weisheit, versucht die Selbstverwirklichung zu erreichen, indem sich der Jnana-Yogi mit der wahren Natur der Schöpfung intellektuell auseinandersetzt (3). Oftmals durch philosophische Betrachtungen aus der Vedanta. Dieser Weg gilt erfahrungsgemäß als der schwerste, da nur wenige Yogis im Laufe der Jahrtausende die höchste Stufe erreichen konnten.
Der moderne Vedanta-Lehrer Ramesh Balsekar hat bis zu seinem kürzlichen Tod Schriften verfasst, die im Sinne des Yoga und des Buddhismus daran erinnern, dass der Mensch nicht der Handelnde ist. Zwar finden ständig im Universum unzählige Handlungen statt, aber in Wirklichkeit handelt nur das Göttliche (1-12). Und daraus lässt sich als gedankliches Konzept ableiten, dass es überhaupt keinen Grund mehr gibt, sich schuldig zu fühlen, sich zu schämen, andere zu hassen usw.
Wir dürfen getrost alles dem Göttlichen überlassen.
Andere Jnana-Yoga Strömungen lassen den Menschen über die Frage nachdenken und meditieren ‚Wer bin ich?'. Dieser Ansatz zielt darauf hin, alles Wahrnehmbare zu negieren (‚Das bin ich nicht') und somit das Unaussprechliche zu sein, was übrigbleibt. Damit wird versucht, einen Moment im Bewusstsein zu erzeugen, indem der Yogi plötzlich nicht nur denkt, sondern tief verinnerlicht hat, in Wahrheit die Unendlichkeit (12) zu sein.

Einfachheit-Wahrheit-Liebe

Vor ungefähr 40 Jahren lehrte der Weisheitslehrer Babaji in Indien unter anderem, dass das Leben in Einfachheit, Wahrheit und Liebe stattfinden soll.

Dieser Ansatz deckt den Kreis der 12 Felder sehr schön ab. Auf der linken Hälfte, um (12) herum, finden wir die höchste Wahrheit, nämlich unsere wahre und vergessene Identität.
In unserem Herzen bzw. Geiste (3-9) sollen wir Liebe mehren und auf körperlicher Ebene, um (6) herum, ein einfaches Leben führen.
Mit Einfachheit (im Englischen Orignal: ‚simplicity') ist keine Armut gemeint, sondern ein unkompliziertes Leben, durch das wir uns nicht unnötig stark in die Materie und Sinnesbefriedigung (5) verstricken. Dies ist, auch im Sinne von Buddhas Lehre, der Weg der Mitte. Alle Aspekte des Seins sollen und dürfen gelebt werden, aber stets maßvoll. Jede Abweichung führt nach den kosmischen Gesetzen zu einer Korrektur, also zu Karma.

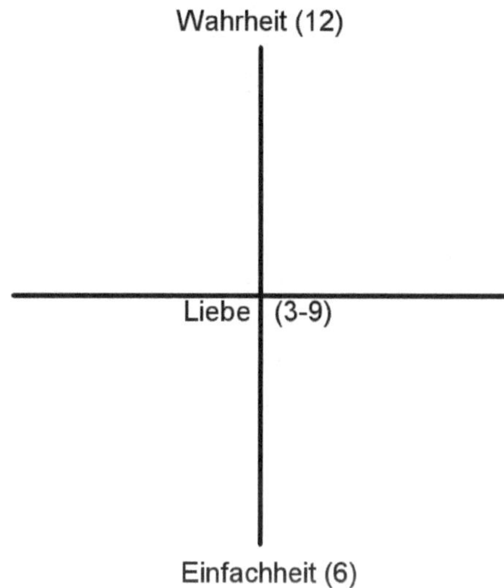

Abbildung 6: Das Hauptkreuz der 12 Felder als Einfachheit, Wahrheit und Liebe

Reinkarnationstherapie

In der Reinkarnationstherapie kann ein Klient, während einer durch den Therapeuten angeleiteten Tiefenentspannung, Erinnerungen an die geistige Welt und an vergangene Leben (8) erhalten. Üblicherweise werden der Klient und der Therapeut von ihren unsichtbaren Helfern aus der geistigen Welt zu einem Leben geführt, wo etwas Traumatisches geschehen ist, das bis heute über das Unterbewusstsein auf den Klienten zu seinem Nachteil nachwirkt. Um den störenden Einfluss

dieses Traumas zu reduzieren, kann es hilfreich sein, sich dieses Trauma erneut vor dem inneren Auge anzuschauen und die damalige Verwirrung durch eine liebevollere und weisere Bewertung zu ersetzen. Also beispielsweise durch Vergebung oder Loslassen. Dadurch wird das Unterbewusstsein gereinigt und der Mensch für seinen weiteren karmischen Weg geheilt.
In der Praxis eignet sich dieser Weg neben der Heilung dazu, um einen westlich-intellektuell geprägten Menschen durch das Erleben vergangener Leben in seinem Weltbild (3) auf positive Weise zu erschüttern und ihn zu einer ganzheitlicheren Betrachtung (9) zu bringen. Solch ein Erlebnis kann dann die Initialzündung sein, sich verstärkt mit solchen Themen zu befassen und die neuen Erkenntnisse stetig in das eigene Leben zu integrieren.

Schamanismus

Im Schamanismus wird der denkende Verstand (3) durch rhythmisches Trommeln irritiert und beruhigt. Ähnlich wie bei der Reinkarnationstherapie oder der Meditation kann dieser Moment genutzt werden, um mit der uns stets umgebenden geistigen Welt in Kontakt zu treten. Dort begegnen wir auf verschiedenen Ebenen geistigen Wesenheiten vielfältiger Art, die uns persönlich betreuen, heilen und Rat geben können. Oder wir gehen gedanklich ins Unterbewusstsein und betrachten die für uns freigeschalteten Erinnerungen an vergangene Leben und deren Auswirkungen auf unser jetziges Sein. Der Effekt ist somit mit dem der Reinkarnationstherapie vergleichbar: Es kann Heilung erfolgen und ein Umdenken des bisherigen Weltbildes. Die uns umgebende geistige Welt wird Teil der persönlichen Realität.

Karmische Astrologie

Die 12 Felder aus diesem Buch entsprechen nicht nur zufällig den 12 Häusern in der Astrologie. Scheinbar ist das Universum von Brahma in (1) derart konzipiert und konstruiert worden, dass sich zugrundeliegende Prinzipien im Großen wie im Kleinen wiederfinden lassen. Dies ist eine reine Beobachtung.
Das Universum hätte theoretisch auch derart programmiert sein können, dass wir diese Prinzipien nicht wiederfinden und eine Geburtsminute rein gar nichts über einen Menschen aussagt.

Die karmische Analyse eines Geburtshoroskops ermöglicht dank der Arbeiten von Jeff Green wertvolle und tiefe Einsichten in die vergangenen Leben (Pluto & absteigender Mondknoten), uralte Traumata (Saturn, evtl. Chiron) und jetzigen Lebensaufgaben (Spiegelpunkt Pluto & aufsteigender Mondknoten) eines Individuums, sofern die exakte Geburtsminute bekannt ist.
Die daraus resultierenden Erkenntnisse stimmen immer mit den Ereignissen überein, die auf anderem Wege in Erfahrung gebracht werden können. Zum Beispiel durch eine Rückführung in vergangene Leben während einer eingeleiteten Tiefenentspannung oder während einer schamanischen Sitzung. Diese Quellen unterscheiden sich lediglich darin, dass die Astrologie keine Details wiedergibt (Land, Jahr, Klima, Alter, Ort, Geschlecht, ...),

sondern das prinzipielle Erlebnis schildert. Der Vorteil der Astrologie liegt in ihrer einfacheren Anwendung.
Kennt ein Mensch sein Karma und seine Lebensaufgaben, so führt dies zunächst zu keiner Auslöschung von Karma oder gar Befreiung vom Zyklus der Reinkarnation. Jedoch ist dieses Wissen sehr wertvoll, da sich demjenigen ein neues Weltbild auftut, er seine Herausforderungen und Begrenzungen besser akzeptieren kann und seine Kräfte konstruktiver und fokussierter einsetzt. Auf diese Weise wird zumindest verhindert, dass unnötig viel neues Karma entsteht.

Vermutlich kann eines Tages anhand der Astrologie abgelesen werden, wie weit die seelische Entwicklung eines Individuums fortgeschritten ist. Derzeit ist das trotz einiger gescheiterter Ansätze, die in der Literatur und im Internet kursieren, überhaupt nicht möglich. Vielleicht ist das zunächst auch gut so.

5. Schlussfolgerungen / Aussicht

Aus der Kenntnis der 12 Felder im Universum und im Menschen lassen sich hilfreiche Rückschlüsse ziehen.

Alle 12 Felder sind Zustände derselben Göttlichkeit. Es gibt Gott in Ruhe, Gott in Bewegung, Gott verbunden mit Materie, Gott in Unwissenheit und der von der Materie wieder befreite Gott. Aber es ist immer das Göttliche, das handelt. Durch jede Seele und somit jeden Menschen. Daher ist die spirituelle Frage unsinnig, wo sich Gott befindet und wie der Mensch ihn erreicht. Es existiert ja nichts außerhalb von Gott. Aber durch die von Gott selbst entfaltete Dynamik existieren scheinbare Individuen, die sich an ihren Ursprung nicht mehr erinnern und über einen gewissen Zeitraum über ihre Identität tief verwirrt sind und sich dank ihrer schöpferischen Kraft karmisch verstricken.

Aus den 12 Feldern ergeben sich zwei Aufforderungen:

1) Wir sollen voller Liebe und Freude sein
2) Wir müssen uns transformieren, also verändern, um dem Zyklus der Reinkarnation zu entkommen

‚Liebe dich selbst wie du bist, aber verändere dich bitte möglichst bald.' Beides gleichzeitig scheint zunächst widersprüchlich. Wenn ich mich selbst so annehme wie ich bin, warum muss ich mich dann unbedingt transformieren?
Manche spirituellen Lehrer suggerieren sogar, dass jeder sein Ego zerstören müsse. Dies kann sehr missverständlich sein und es liegt sicherlich nicht in der Natur eines Wesens, sich teilweise selbst zu zerstören.

Ohne das in den Schritten (1) bis (6) entstandene Ego wären zwischenmenschliche Beziehungen gar nicht möglich.
Liebe bedeutet Akzeptanz und Harmonie. Durch die Liebe zu uns selbst und zum Göttlichen akzeptieren wir verständnisvoll den Zyklus der 12 Felder. Wir erkennen, dass nur das Göttliche handelt und sich vorübergehend verstrickt hat. Auch dieser Schritt ist Teil des Zyklus. Daher dürfen und sollen wir uns selbst und uns gegenseitig akzeptieren und ehren, trotzdem gibt es Arbeit zu tun, um die falsche Identifikation wieder zu korrigieren.

Letztlich ist alles, was es gibt, je gab und je geben wird göttlichen Ursprungs und rein göttlicher Natur. Außerhalb der Unendlichkeit gibt es nichts Anderes. Folglich gibt es nur eine korrekte Identität, nämlich die Identifikation mit der Unendlichkeit selbst. Alle anderen Identifikationen müssen daher vorübergehende Irrtümer sein. Nun ist ein Irrtum zunächst keine Katastrophe. Aber dank einer begrenzten schöpferischen Kraft, die der inkarnierte Mensch noch besitzt, festigt sich der Irrtum und führt zu falschen Rückschlüssen und Handlungen. Karma entsteht als Summe unserer unausgewogenen Handlungen und der noch nicht ausgelebten Absichten.
Somit ist das Konzept des Karma höchst real, aber wer besitzt dieses Karma eigentlich? Es ist wiederum das Göttliche. Karma wird universell angesammelt und abgebaut.
Von Seelen auszugehen, die Karma haben und abbauen ist eine hilfreiche Modellvorstellung. Sie ist aber streng genommen sehr vereinfachend und daher nicht ganz korrekt. In Wahrheit gibt es die individuellen Seelen nicht.

In der Praxis hat eine Seele eine bestimmte Absicht zu inkarnieren. Sie möchte zum Beispiel Kreativität erlernen. Dann nimmt sie sich entsprechendes Karma aus dem universellen Karma heraus und begibt sich auf die Erde. Vielleicht nimmt sie sich Karma, so dass die Kreativität zunächst blockiert ist und sie über diese Erfahrung beginnt, sich tief und konstruktiv mit Kreativität auseinanderzusetzen. In einer Rückführung würde sich diese Seele dann daran erinnern, wie sie weit vor ihrem Leben Karma aufbaute und Kreativität verlor. Aber streng genommen war sie das nicht selbst. Es geschah eines Tages tatsächlich und sie erinnert sich nun daran. Aber all dies ist das Karma des einen Wesens, dass wir alle sind.

Um anschaulich und weniger theoretisch zu bleiben macht es in der Praxis meist Sinn, von Seelen und individuellem Karma zu sprechen. Und da der Mensch, also das Göttliche selbst, auf der Erde Leid erfährt und über die eigene Identität verwirrt ist, stellt sich die Frage, wie der Reinkarnationszyklus möglichst zügig und mit möglichst wenig Leid bewältigt werden kann. Anders ausgedrückt: Wie erreichen wir am effizientesten ein hohes Maß an Bewusstheit und Liebe?

Dazu benötigen wir als Gesellschaft - und somit jeder Einzelne – im Idealfall einen sauberen geistig-spirituellen Rahmen, um unsere Existenz und die Identität Gottes von Kindheit an zu verstehen.
Idealerweise existiert in Zukunft eine einzige namenlose Wissenschaft über das Universum, das heutiges Wissen aus den Naturwissenschaften, der Psychologie, der Medizin und der Spiritualität beinhaltet, abgleicht und stetig durch geeignete Gremien und Institutionen behutsam erweitert und korrigiert.

Ein geeigneter spiritueller Rahmen ist liebevoll, freiwillig und kommt ohne Begriffe wie Schuld oder Sühne aus. Dieser Rahmen darf Menschen nicht zwanghaft an sich binden oder ihnen Angst machen. Er vermittelt jedem Menschen, dass er selbst und sogar seine Unvollkommenheit und seine Bindung an das Karma göttlichen Ursprungs ist. Dieser spirituelle Rahmen erhebt niemals Anspruch auf Vollständigkeit, breitet sich nicht gewaltsam in der Welt aus und entwickelt sich mit der Menschheit weiter. Diese Form der Spiritualität und Wissenschaft beinhaltet Praktiken und pädagogische Ansätzen, die helfen, Karma abzubauen und Liebe zu mehren.

In seiner Konsequenz führt der spirituelle Rahmen dazu, dass alle politischen, gesellschaftlichen, psychologischen, spirituellen und persönlichen Aspekte des Lebens eine sinnvolle und liebevolle Richtung bekommen.

In der Vergangenheit der Menschheit hat es immer wieder Hochphasen gegeben, wo der Kontakt der Menschen mit der geistigen Welt besonders intensiv und gesellschaftlich anerkannt war. Zum Beispiel im frühen alten Ägypten, bei den Indianern in Nordamerika, bei Yogis, bei den Ur-Christen und bei den Hochkulturen Mittelamerikas.

Diese Verbindung zur geistigen Welt ist in unserer heutigen westlichen Welt verkümmert und sollte wieder aufgebaut und intensiv gepflegt werden, um mit den dortigen Wesenheiten enger zusammenzuarbeiten und die Menschheit weiterzuentwickeln.

Bei vielen Menschen sind einzelne Chakren derart weit entwickelt, dass sie diesen Kontakt auf hervorragende Weise pflegen können. Und anstatt nur die begrenzten Erkenntnisse der intellektuellen Naturwissenschaft (3) zu nutzen und zum obersten Glauben zu erheben, brauchen wir beides: Die Naturwissenschaft und die Verbindung mit der geistigen Welt durch unsere erlernbare Intuition und die höheren Chakren.

Jeder auf der Erde inkarnierte Mensch besitzt einen Körper (6), führt lehrreiche zwischenmenschliche Beziehungen (7) und ist durch sein Karma und seine evolutionären Absichten an den Zyklus der Reinkarnation (8) gebunden.
Im Laufe vieler Leben werden Seelen immer weiser (9) und parallel zum Wunsch nach Sinnesbefriedigung (5) wächst in ihnen der immer stärker werdende Wunsch, den oftmals schmerzhaften Zyklus der Reinkarnation zu beenden. Solche Menschen nennen sich dann ‚spirituell' und probieren Religionsgemeinschaften, Philosophien und deren spirituelle Praktiken aus. In Wahrheit ist jede Seele spirituell, indem sie ihr Leben lebt. Viele wissen nur nichts davon.

Dem Zyklus der Reinkarnation entronnen ist eine Seele erst dann vollständig, wenn sie von Feld (9) in Feld (10) übergeht. Dann nämlich ist die Liebe in (9) voll ausgeprägt und die Seele hat zum ersten Mal verwirklicht (10), dass sie göttlichen Ursprungs ist. Sie hat nicht nur ihre Identität wiedererkannt, sondern trägt auch das gewonnene Wissen und die Fertigkeiten aus den vorherigen Schritten in sich. Wenn die 12 Felder eine Karriere wären, dann ist in (10) die Karriere an ihrem Höhepunkt.

Wie kommt eine Seele dorthin? Simpel und völlig legitim wäre es, einfach geduldig zu reinkarnieren (8) und mit der geistigen Welt zusammenzuarbeiten, bis der Prozess an sein natürliches Ende kommt. Dann ist die Seele reif, d.h. voller Liebe und Weisheit (9). Niemand wird auf der Erde zurückgelassen. Jede Seele wird diesen Punkt irgendwann erreichen. Kein Mensch sollte sich von einer Religion einreden lassen, dass er verloren sei, wenn er einfach sein Leben lebt und sich nicht den Regeln dieser Religion unterwirft.

Dem spirituell Suchenden ist dieser theoretische und höchst gelassene Ansatz nicht genug. Er ist müde, Mensch zu sein und möchte den Prozess beschleunigen.
Aus dieser Motivation heraus macht es Sinn, spirituelle Philosophien zu studieren und spirituelle Praktiken zu probieren.
Erleuchtung bedingt so oder so das Durchlaufen vieler zwischenmenschlicher Erfahrungen und die Auslöschung vieler karmischen Verstrickungen. Dieser komplexe Prozess benötigt insgesamt einige Jahrtausende. Je nachdem, wie fortgeschritten dieser Lernprozess ist, kann Spiritualität diesen Prozess vereinfachen, aber nicht beliebig verkürzen.
Trotzdem sind gute spirituelle Praktiken keine Zeitverschwendung, sondern leisten einen wertvollen Beitrag, dass diese Zeitspanne kürzer wird und weniger schmerzvoll ist. Umwege werden vermieden. Und wer weiß schon selbst genau, ob er kurz vor der Erleuchtung steht oder ob seine derzeitigen spirituellen Bemühungen nur ein Intermezzo auf seinem langen Weg sind.

Die zu erreichenden Felder (9) bis (12) werden also ganz allgemein dadurch erreicht, dass weitere Verstrickung gemieden und Weisheit gemehrt wird:

Sich nicht weiter zu verstricken bedeutet, die Felder (1) bis (6) achtsam zu leben und in der Mitte zu bleiben:

Feld (1, 7): Einen bewussten Einsatz des eigenen schöpferischen Willens. Auch mit Hinblick auf ausgewogene Zwischenmenschlichkeit und soziale Orientierung.

Feld (2, 8): Einen gesunden Bezug zur Materie und zum materiellen Genuss. Das materielle Leben darf und soll genossen werden, aber nicht zum Selbstzweck.

Feld (3): Die achtsame Vermeidung negativer und bewertender Gedanken.

Feld (4): Die achtsame Vermeidung negativer Gefühle.

Feld (5): Ein gesundes Maß an Begierden und Leidenschaft leben.

Feld (6): Eine unkomplizierte (einfache) Lebensführung und Gesundhaltung des Körpers.

Gleichzeitig möchten wir uns von Altlasten (Karma) befreien und reinigen. Dadurch lösen wir die existierenden Verstrickungen:

Feld (1, 2): Ein sauberer spiritueller Rahmen und entsprechendes Beten fokussiert während des gesamten Lebens die eigenen Absichten (1) weg von der Materie (2) und hin zum Göttlichen (12).

Feld (3): Durch Studium von geeigneten heiligen Schriften (z.B. Vedanta), durch Nachdenken über die Natur der Dinge (z.B. im Buddhismus) fördert der Intellekt als kleiner Bruder der Weisheit, das Wachstum der Weisheit.

Durch Meditation wird der denkende Geist (3) beruhigt, für göttliche Energie aus dem Kronenchakra (12) geöffnet und durch Rezitation von Mantren (3) gereinigt und energetisch angehoben.

Feld (4): Durch Überwindung negativer Emotionen (Begierde, Zorn, Trauer, Angst) wird das Unterbewusstsein gereinigt und die Verwirklichung (10) gefördert. Im Buddhismus geschieht dies zum Beispiel durch Achtsamkeit auf die Gedanken (3) und Gefühle (4).

Feld (5): Durch das ursprüngliche, aber in seiner Essenz verlorengegangene Tantra könnte die Vereinigung von Shiva-Shakti gefördert werden. Dazu fehlt aber derzeit vermutlich das Wissen über die optimalen Abläufe.

Feld (6): Durch Erweckung der Kundalini-Kraft am unteren Ende der Wirbelsäule ist es z.B. durch Kundalini-Yoga möglich, die Öffnung höherer Chakren zu fördern und zu erreichen.
Ansonsten kann der Körper und das Energiesystem durch körperlich-energetische Verfahren gereinigt werden, wie beispielsweise Ayurveda, Homöopathie, Akupunktur, Reiki, Heilfasten und

eine bewusste Ernährung. Diese Verfahren wirken sich auch positiv auf das Unterbewusstsein und die Psyche aus.

Feld (7, 8): Indem wir die Verwicklung in den Zyklus der Reinkarnation (8) verstehen und gleichmütig annehmen, bauen wir unser Karma ab und entwickeln uns evolutionär weiter. Zwischenmenschlich können wir diesen Prozess beschleunigen, indem wir im Wissen um die Unendlichkeit und unsere Einheit uns selbst und anderen Menschen vergeben und ihnen Gutes tun.

Es ist nicht erforderlich und manchmal sogar kontraproduktiv, sich einer Religion anzuschließen oder das Regelwerk einer Religion ohne kritische Hinterfragung zu übernehmen.
Der philosophische Kern von Religionen beruht meist – aber leider nicht immer - auf der Lehre von hochentwickelten Seelen, die mit der Absicht inkarniert sind, durch ihr Beispiel und ihr Wissen die Liebe und das Begreifen der Wahrheit in der Welt zu mehren. In einigen Fällen ist der Ursprung von Religionen und Sekten rein menschlich und manipulativ. Unterscheidungskraft und geistige Klarheit sind nötig, um gute von schlechten Religionen zu unterscheiden.
Aus der wertvollen Lehre hochentwickelter Seelen haben unvollkommene Menschen im Laufe der Zeit Religionen konstruiert. Daher besitzen Religionen Licht und Schatten. Licht durch die mehr oder weniger unverfälschte Lehre. Und Schatten durch Fehlinterpretationen, Machtmissbrauch und elitäre Ansprüche. Die Mischung

daraus ist gleichzeitig wertvoll und unbeholfen, also sehr verbesserungsfähig.

Eine Religion, die sich selbst erhöht und andere Ansichten diskriminiert oder sogar aktiv bekämpft handelt gegen das universelle Prinzip der Liebe und Einheit. Stattdessen gibt sie ihren Anhängern ein elitäres Gefühl, bindet sie an ihre von Menschen geschaffenen Strukturen oder hetzt sie gegen andere Menschen auf. Das ist im Sinne der universellen Einheit und Liebe nicht hilfreich und vermutlich nicht im Geiste der ursprünglichen Lehre, falls diese von einer hochentwickelten Seele stammt.

Diese hochentwickelten Seelen haben in ihrem Leben entweder Selbstverwirklichung gefunden oder sie sind geistige Wesenheiten, die nie an den Inkarnationskreislauf gebunden waren, sich aber für eine bestimmte Aufgabe dazu entscheiden, ein scheinbar menschliches Leben zu führen. In Indien benutzt man dazu inflationär den Begriff ‚Avatar'. Dabei gehen Gläubige davon aus, dass es Gott selbst ist (12), der inkarniert. Ich halte das für widersprüchlich, da das Göttliche in (12) in einem passiven Zustand ist. Die allerhöchsten Wesenheiten, die für uns wahrnehmbar sind, müssten sich noch in (11) befinden. Wesenheiten, die fast gottgleich sind und mit allem verbunden sind (11) besitzen immense aber immer noch endliche Macht und sind somit nicht im Zustand der Eigenschaftslosigkeit und Unendlichkeit von (12).

Hüten sollte sich der spirituell Suchende auch vor Menschen mit übersinnlichen Kräften. Viele liebevolle Seelen entwickeln solche Kräfte als Nebeneffekt ihres spirituellen Niveaus. Aber es gibt auch unwissende Menschen, die aus rein karmischen Gründen solche

Fähigkeiten vorübergehend besitzen und zur Schau stellen. Dies alleine sagt nichts über das Entwicklungsniveau und die Absichten des Menschen aus. Und verglichen mit der Allmacht in (12) sind begrenzte Fähigkeiten wie beispielsweise Hellsichtigkeit, Lichtnahrung und Materialisation von Gegenständen rein gar nichts und pure Spielerei.
Wenn eine Seele unaufdringlich Liebe lebt, predigt und ausstrahlt, so sind dies bessere Hinweise auf eine wertvolle Quelle der Inspiration.

Welcher Umgang mit Religionen ist der Richtige? Extreme Ansichten sind grundsätzlich zu meiden. Ratsam wäre es, die Lehre einer Religion bzw. Philosophie gleichzeitig mit Interesse und Skepsis zu studieren. Ihre Inhalte sollten überprüft und in Erwägung gezogen werden.
Sich einer Religion anzuschließen kann eine sinnvolle Erfahrung sein, um Gemeindearbeit zu leisten, sich sozial zu integrieren und spirituelle Fragen gemeinsam zu erörtern. Aber solch ein Entscheidung, die individuell karmisch hilfreich sein kann, ist allgemein keine Notwendigkeit. Auf die Lehre kommt es an, sofern sie möglichst rein ist und im Kern so etwas wie bedingungslose Liebe und Weisheit vermittelt.

Ausgehend von einem möglichst reinen und erhabenen spirituellen Rahmen kann der Mensch besser begreifen, wer er in Wahrheit ist, dass wir alle eins sind und in diesem Geiste der Verbundenheit und Einheit ein unkompliziertes, liebevolles und wahrheitssuchendes Leben führen sollten.

Verglichen mit dem verworrenen Ist-Zustand der Menschheit, führt ein sauberer spiritueller Rahmen zu einem Entwicklungssprung durch einen ausgewogenen und bewussten Umgang mit uns selbst, unseren Mitmenschen, der Natur, unserem Planeten und der uns umgebenden geistigen Welt. Harmonie mit allem ist die notwendige Folge und Zielsetzung.

Die in diesem Buch besprochene ‚Liebe' ist das oberste Lebensprinzip im Sinne von Akzeptanz, Einheit und Harmonie:
Harmonie mit uns selbst (6) führt zu einem ganzheitlichen und präventiven Gesundheitssystem, zu gesunder Ernährung/Landwirtschaft und zu persönlicher Entfaltung im Arbeitsleben.
Ein bewusster und liebevoller Umgang mit unseren Mitmenschen (7) führt zu Humanismus, Empathie, Miteinander statt Wettbewerb und zu sozialer Politik.
Liebe für die Welt führt zwangsläufig zu Umweltschutz und technologischem Fortschritt. Und sie führt zu einer Einbindung und Verbindung mit der uns umgebenen geistigen Welt, zu der wir nach unserem physischen Ableben zurückkehren.
Liebe für das Göttliche führt zu einer spirituellen und philosophischen Auseinandersetzung mit dem Universum und unserer menschlichen Identität.

Was bedeutet dies für unsere heutige Gesellschaft in einem demokratischen, westlichen und wohlhabenden Staat?

Kapitalismus und Wettbewerb sind eine Entwicklung, die die Ausbeutung, Gier und das Gegeneinander der Menschen überbetont. Dies widerspricht dem Prinzip der Liebe massiv. Stattdessen sollten von Kindheit an maßvolle Werte wie Integrität, Einfühlungsvermögen, Zusammenhalt und Miteinander vermittelt werden. Dies

wäre eine Ausdrucksform eines unkomplizierten Lebens in Liebe.
Materieller Genuss und technologischer Fortschritt sind Errungenschaften des Kapitalismus und sollen Teil unseres Lebens bleiben. Wir dürfen das Leben genießen und technologisch vereinfachen. Aber sie sind weder Selbstzweck noch höchstes Ziel einer Gesellschaft.

Produkte der Industrie sollten zu aller erst ethische Kriterien erfüllen, so dass z.B. die Verbreitung ungesunder und umweltschädlicher Substanzen/Lebensmittel durch angemessene Vorgaben und deren Überwachung reduziert wird.

Kleinkinder und junge Menschen sind sehr offen, wissbegierig und empfänglich für ihre Umwelt. Sie benötigen daher in den ersten Jahren elterliche Nähe und Liebe für einen späteren reibungslosen und stufenweisen Übergang in ein Bildungssystem mit pädagogischen Spitzenfachkräften.
Dieses Bildungssystem sollte die Kinder neben den Grundfächern nicht auf einen wettbewerbsorientierten Berufsalltag vorbereiten, sondern den spirituellen Rahmen vermitteln und erklären, ein konstruktives Miteinander lehren, ihre wahren Talente und Lebensaufgaben ermitteln und auf eine bewusste und (geistig und körperlich) gesunde Lebensführung achten.

Um die historischen Errungenschaften der Gesellschaft zu schützen und für eine stetige Weiterentwicklung der Gesellschaft zu sorgen, sollte die Bevölkerung insgesamt - durch staatliche und schulische Maßnahmen - ein höheres Maß an spiritueller, politischer, wirtschaftlicher etc. Bildung zukommen.

Der negative Einfluss des Menschen auf die Natur sollte aus selbsterhaltenden und moralischen Gründen reduziert werden durch eine stetige Reduzierung von Umweltgiften und den Aufbau einer rein ökologischen Landwirtschaft.

Ein körperlich, geistig und emotional gesunder Mensch ist die Grundvoraussetzung für Zufriedenheit, ein harmonisches Miteinander und intuitive Erkenntnisse.
Schulmedizinische Errungenschaften wie Diagnosetechniken, Notfallmedizin und Operationstechniken werden weiter erforscht und optimiert. Für die ursächliche Vermeidung und Heilung von Krankheiten können alternative Heilmethoden (wie z.B. die Homöopathie, Akupunktur, Meditation, etc.) durch schrittweise stärkere Erforschung, Förderung und Integration einen zunehmenden Beitrag leisten. Dazu gehört auch eine intensivere Auseinandersetzung und Förderung von psychischer Gesundheit und innerer Gelassenheit.

Ein bewusster Umgang mit unseren Gedanken und Emotionen sollte bereits von Kindheit an erlernt werden. Nützliche praktische Techniken und liebevolle Philosophien gibt es zur Genüge.
Dadurch werden sowohl psychische als auch körperliche Beschwerden deutlich verringert.
Viele Überzeugungen und gedanklichen Konzepte sind es nicht wert, fortgesetzt zu werden. Stattdessen sollten wir von Kindheit an begreifen lernen, dass wir zwar göttlichen Ursprungs sind, aber trotzdem oder gerade deshalb auf unsere Gedanken und Gefühle achten müssen, um uns durch unsere Gedankenkraft nicht unnötig tief im Zyklus der Reinkarnation zu verstricken.

Mit einem spirituellen Rahmen wird nicht nur dem Einzelnen geholfen, sondern auch den Staaten.
Menschliche Konzepte, wie Kriege, Imperialismus, Wettbewerb, Terrorismus, Nationalismus oder Völkermord erscheinen dann zwangsläufig so unsinnig, wie sie sind.

Die ganze Menschheit ist letztlich ein Wesen, dass sich auf diesem Planeten verstrickt hat und Karma aufgebaut hat. Und viele falsche gesellschaftliche Entscheidungen der Vergangenheit sind noch nicht vollständig abgearbeitet. Sollte dies eines Tages geschehen sein – und das wird passieren – so wird das menschliche Leben individuell und gesellschaftlich eine Hochphase sein, wie sie es noch nie auf diesem Planeten gegeben hat.
Vielleicht zeigt sich dann der tiefe Nutzen des Inkarnierens, indem das Göttliche in seiner dynamischen Form, also auch wir, das Universum bewohnt und gleichzeitig von tiefster Liebe und Wahrheit erfüllt ist.

Zeitfracht Medien GmbH
Ferdinand-Jühlke-Straße 7
99095 Erfurt, Deutschland
produktsicherheit@kolibri360.de